嗅覺之謎

The Scent of Desire

生物演化與免疫基因；社會學與文化史；
品牌行銷到未來科技，探索氣味、記憶與情緒的嗅覺心理學。

Discovering Our Enigmatic Sense of Smell

瑞秋・赫茲
Rachel Herz

謹將此書
獻給我的母親

朱蒂斯・薛荷・赫茲

Judith Scherer Herz

目錄
contents

致謝

第1章 慾望的感官

第2章 氣味偏好大不同

第3章 光陰的氣味

第4章 芳香與治療

第5章 氣味與性

第6章 他人的氣味

第7章 渴癮

第8章
未來嗅覺科技新探

推薦序

Foreword

溫佑君
肯園香氣私塾負責人
著有《新精油圖鑑》和《療癒之島》等書

存在的氣味

一九九五年在英國舉辦的第二屆芳療國際會議上，奧地利大學的藥學教授Gerhard Buchbauer幾乎成了與會芳療師們的「人民公敵」，因為這位科學家在他的演講裡宣稱，「芳香療法」這個字眼根本是謬誤的，精油能發揮的療效，不是靠吸聞就能達成的，換言之，「芳香」並不能治療，是芳香分子由其它管道進入血液才達成療效。本書一百三十二頁也提及「然而目前仍無科學證據顯示，吸入檀香氣味後能從血液偵測到檀香精油——這是精油產生藥理作用的必要條件」。可是Buchbauer教授在二〇〇〇年以後，卻開始在個人簡歷上為自己的學術專長加進「芳香療法」一條（雖然他註明是「科學的」芳香療法），另一方面，日本東邦大學的鳥居鎮夫教授早在八〇年代就已研究出吸聞檀香、薰衣草、橙花等香氣之後，人類腦波產生的變化，以及對生理和心理的影響。所以，**芳香療法的療癒作用，並非僅是「心理性」的**，即便本書作者也肯定「心理性」的作用有其價值。

這本專論嗅覺的書籍在處理「芳療」時雖出現這樣的認知侷限，我還是願意向我的芳療學生們，與所有曾被徐四金的「香水」魅惑的讀者，大力推薦這一本有趣的科普讀物。**我們這個時代有嚴重的知識傾斜症，主要就是因爲太過低估與忽視嗅覺的存在。當這種感官知覺復甦以後，人們理解世界和自己的眼光都會大大地改變**。我有一個個案，在蒸蒸日上的事業發展期間，突然喪失了對一切事物的興味，甚至開始懷疑人生的意義。家人與同仁要求他去接受憂鬱症的診治，他也十分抗拒。後來在接受芳療按摩時，聞到桔葉、黑雲杉、穗甘松、熱帶羅勒、甜橙這幾種精油的組合，不由自主地熱淚盈眶，療程結束後急著追問那些香氣是什麼植物，回家後用天天用它們泡澡，不到一個月，迷航的船艦又重新回到人生的汪洋破浪前行。這個幸運的案例不一定能成為所有人的範本，可是它和許許多多類似的故事提醒了我們：除了眼觀四面耳聽八方之外，還有一種感官知覺，能幫助我們找到存在的氣味。至於該如何解釋這樣奇妙的經驗，答案就在本書中！

導讀

Foreword

何欣潔

Poky

拾心香氣研究室創辦人。研究天然精油在嗅覺感官、身體照護、氣味創作與島嶼文化的觸角，著有氣味書寫《植物芬芳的日常異想》、線上課程「鼻子的第一堂練習課」。

深呼吸，嗅覺就在那裡

人類每天平均呼吸兩萬三千次，嗅覺全開放給每個時間的你。

鼻子在眼睛底下、嘴巴上方，兩個黝黑的小洞，深不見底。生活大抵以視覺為先、吃喝靠味覺，那鼻子呢？或許是偶爾用一下，平常則「負責呼吸」吧？我這樣給鼻子找了個台階。不過真是這樣嗎？看起來很美，但不好聞的物件，會放下；沒有滋味的東西，會吃不下；忍受不了味道的地方或人，會想離開。我們可以閉上眼睛，閉上嘴巴，但只要呼吸沒有停止，就會一直感知下去。

這是一本有關鼻子的科學小品，專注凝視的感官是「嗅覺」。作者瑞秋是研究嗅覺的專家，她研究氣味如何讓人們想起遙遠的記憶而淚流滿面、如何驅使吃東西與購物的衝動、如何引發恐懼與喜悅。這個研究氣味的情緒、思考、行動的領域，**稱爲嗅覺心理學**。她曾任職的莫內爾化學感官研究中心位於美國東部費城，是一個獨立特殊的學術單位，專門在味覺與嗅覺這兩個感官。單位名稱有點科技感，研究主題卻生活化而五花八門，研究結果也常被國家地理頻道等科普平台引用。諸如舌頭上探查酸甜苦鹹的區域、人體臟器有嚐味道的受器存在、貓科動物似乎無法識別醣類化合物等。研究員們也在國際知名的咖啡展與品酒大會上時常露臉，以感官顧問的身分或評審參與其中。

書裡的一百個小段落，像是一百張嗅覺小紙條，由科學家帶領，走讀氣味在生活中不同維度的時空，試圖拼湊出這個神祕感官可能的樣貌。

是衝動慾望的感官。在飲食與性的章節，感受嗅覺的原始、任性、直覺、無法抗拒，提供龐大又立體的愉悅感，是生物性初始活下去的動力。用氣味擇偶不僅僅是一種生物直覺，更是免疫基因的高端運作，而氣味在性愛上，則是無可取代的關鍵鑰匙。

是深層情思的感官。在情緒與記憶的章節，閱讀到一塊瑪德蓮蛋糕或朋友家洗碗精的氣味，瞬間、無預警、依附強大情感渲染力與逼真性的，調閱出久遠的記憶片段。這些悠遠綿長的瞬間，賦予人生細緻又精神性的滋養。

是高靈敏與超越距離的感官。在未來科技的章節，看到嗅覺超越肉眼所見的直線距離，探查到事物的趨勢或微小消息。運用在偵測地雷、癌症氣味、鯨魚糞便、地雷，甚至是冷藏室裡沙朗牛排是否壞掉。

是可能會被欺騙的感官。在氣味治療與氣味偏好的章節，意識到這樣肉眼看不見的感官類型，容易讓語言或視覺有操弄暗示的空間，產生嗅覺幻象與幽靈氣味。

是彼此共享的感官。在他人氣味的章節，理解到嗅覺的界線是模糊交錯的。有時清晰精準，就像寶寶認出媽媽的氣味。在公領域時，卻是完全無法隔絕，因為大家一起呼吸共享著空氣。

當然，這不是一本嗅覺科幻書，而是一本扎實的嗅覺短篇論文集，有理性分析與科學研究視角的論述，並非只是天馬行空的泛想。我們可以看作者如何捕捉到生活中的嗅覺事件，提出質疑與探討。而蒐集文獻像是偵查過程，思辨與實驗是氣味展演，有時找一群人來驗證，有時運用小鼠或狗。她從社會學的觀察出發，以科學的邏輯前進；又走到哲學的思考，抽絲剝繭前進。在閱讀章節行進的脈絡時，去探查作者的思路，也練習著自己的思辨。例如〈第三章 光陰的氣味〉裡，她從小瑪德蓮蛋糕引起的普魯斯特現象，到提出嗅覺記憶依附情緒感染力的特質，發現氣味記憶會改變，可能無預警引發創傷，到運用氣味幫助學習。

科學研究是一種像螞蟻般前行的過程，低下身子、以微觀的角度去觀看，謙卑與眞誠的把所有的消息蒐集起來，試圖串連、理解、預測出可能的趨勢與結論。我常覺得科學家一定有某方面的偏執，但也因為這樣的偏執，有了釐清事情真相的可能。

捷運車廂釋放著巧克力的香氣。等等要去的醫院有香草的氣味。清潔人員正在用麝香與薰衣草調和出的香水灑掃城市。

我摸著肚子，想像寶寶出生後的氣味胎教，可能喜歡吃綠豆糕。摸一摸鼻子，知道原來相信它尋找到另一半，不是任性。

最後，我走進一間法國蛋糕店，買一小塊瑪德蓮蛋糕，想帶回家泡進菩提花茶裡。我猜這無法喚起自己哪一年的夏天記憶，氣味太私密又獨一無二了。不過倒是可以透過它，體驗雷布貢的夏天，想想我的夏天該是什麼樣的氣味。

嗅覺這麼浪漫，充滿異想空間，在時間的刻度上快速移動；嗅覺這麼神祕，肉眼幾乎看不見，卻如此明確的存在。有時候覺得隱晦不明、模糊遙遠，有時候又覺得無比赤裸，那麼貼近真誠與本質。

我喜歡這本書聊得如此生活，卻也分析的理性且深入。在每一頁的故事、實驗、筆記裡，覺得過癮。這幾年，我恣意的在嗅覺裡玩耍，知其然，也不知其所以然。

邀請你透過這本書，在平日感受性加入學理，展開更多的思考與可能。在不斷呼吸的時刻裡，從生存的慾望、探索體驗的慾望，走到享受與創造的慾望。

謝謝我的鼻子，那兩個黝黑的、看不見底的小洞。我們會一起共舞下去。

序言

Preface

你喜歡或不喜歡某種氣味的原因

我對嗅覺的迷戀從五歲開始，那是一個星期日早晨，法國吐司及楓糖漿的香味把我拉下床……雖然很想這麼說，然而事實並非如此。

五歲的某個夏日午後，我們全家出門兜風。陽光明媚，知了鳴唱，大家都心情愉悅，輕風陣陣撫上我的臉頰。我記得自己往車窗外看，凝望油綠草原周圍樹尖頂入藍天，突然間卻聞到一股奇特而刺鼻的氣味。幾乎同一時刻，我聽見母親歡呼：「我愛這個氣味！」「那是什麼？」我問道。母親微笑回答：「臭鼬。」從那天起，我便愛上了臭鼬的氣味。直到約莫一年後在校園玩耍，告訴某些朋友我對這個氣味的偏好時，才知道這不大尋常。原以為他們會點頭稱善，或分享幾個田原歷險故事，結果我天真的想法卻遭受譏笑。「妳真古怪！那很噁心耶！」他們一邊同聲喊叫，一邊跑遠了。

為何同學們認為這氣味可怕至極，我卻恰恰相反？很快地我瞭解到，大多數人的反應和那些同學沒有兩樣，因此最好不要承認這項特殊的氣味偏好。然而當年歲稍長，發現某些人招認他們同樣是臭鼬氣味的愛好者時，我鬆了一口氣。為何我與一群靦腆的少數人所喜歡的氣味，大多數人卻覺得臭不可聞？是什麼造成你我在這方面的差異？還是你其實跟我臭味相投。為什麼每個人會偏喜歡某一種獨特氣味，而非其他氣味？從本書能發現的諸多事情之一，就是對於世界上種種氣味，你之所以喜歡或不喜歡的原因。

氣味是記憶的最佳線索？

其實在童年那次兜風發覺臭鼬香氣的喜悅之前，我早已對氣味，甚至所有「感官的」事物著迷。我從不甘於僅是觀看事物，總是忍不住觸摸和聞一聞——至少在合乎社交禮儀的範圍內。另外，我對聲音非常敏感。我雖然熱愛許多事物，唯獨太大的噪音令我無法消受，因此只喜歡遠遠觀賞煙火。的確，觀看舞蹈、煙火、星空、青山與湛藍海洋，都屬於我對感官的熱情。我對享受美食的貪戀也可想而知，幾個崇尚美食主義的友人與我，還成立了自稱「品嚐風味」的俱樂部。然而相較於其他感官，嗅覺對我始終就像謎一般，具有獨特的誘惑力。氣味不只令我，或許也令你陶醉，同時還是少數留待解惑的科學謎題之一。**人類的嗅覺仍有許多科學無法觸及的層面**，在我的專業生涯中，解開嗅覺的心理謎團成為我的主要研究目標。

直到多年後我才明白，早在思索氣味偏好與他人不完全相同時，我就已經開始企圖解開嗅覺謎團。當我還是大學生時，有件相當重要的事情也為我之後的研究生涯奠定了基礎。那是大學的最後一年，我正為研究生入學考試（GRE）做準備。在學習指南裡的一般心理學，我不經意瀏覽到一篇文章，其中針對某問題指出「氣味是記憶的最佳線索」。「為什麼呢？」我納悶。「這是真的嗎？」我諮詢我的榮譽指導教授。他坦承不清楚此說法的緣由及真實性，但他肯定這項公認的見解，並相信其原理與腦部的神經聯結有關。這份好奇被收藏到我腦中偽意識（pseudo-conscious）的角落，直到好幾年之後才被喚醒。

演化學論點成了嗅覺謎團的明燈

蟄伏多年後，在研究所的課堂上，我的好奇心甦醒了。那是一門社會心理學的專題研討課程，當時我偶然讀到一篇論文，裡面的研究人員選擇出乎意料的創新方式來操縱心情。捨棄以往標準的口語或想像技巧，他們選擇的竟是氣味。以杏仁等令人愉快的氣味，做為好心情的暗示；以氮苯等強烈酸腐的氣味，做為壞心情的暗示。[1]研究人員主張嗅覺與情緒息息相關，這個相關性具有生物學與演化學的證據，他們的演化學論點尤其讓我折服。在鑽研氣味前我曾誤打誤撞研究過動物行為，說誤打誤撞是因為我的心思根本不在那上面，但研修動物行為讓我學到了演化理論，並在之後致力研究這個學說。演化理論對我而言如同一盞明燈，指引我在嗅覺謎團中追尋的意義及方向。你會發現，演化理論及生物學觀點在這整本書中不斷被提及。

發現這篇論文的演化學論點，及發現其中採用氣味來誘發情緒的出色技巧，這一切實屬僥倖，但深深觸動我心底的共鳴，喚醒那塵封的記憶。在黑暗中，我突然看見一線曙光，為了尋找真正具啟發性的博士論文題目，那段時期的辛苦在這一刻終於苦盡甘來。我就這麼開始第一項嗅覺任務，便是查明 GRE 那篇文章的說法到底正不正確。氣味是記憶的最佳刺激物嗎？這到底代表什麼意思？我開始釐清氣味、情緒與記憶之間的關係。

被學術與文化忽略的第五感官

決定研究氣味這條學術之路並不好走，學術界因為與文化緊密嵌合，一直都不認為嗅覺有值得研究的重要性。就像大多數人一樣，對這個第五感官不僅忽略，更視為理所當然。我很幸運，在研究所期間有位思想開放的指導教授，他教導我最重要的事情之一，**就是沒有任何人或任何理論可以完全解答任何問題**。這是在研究嗅覺時必須採取的定位，因為不像其他感官已被洞悉基本的作用機轉，嗅覺的羅塞塔石碑（Rosetta stone）[a]尚待解讀，唯有彙整各門學科的研究方法與理論觀點，才有全然理解的可能。

另外，在加拿大多倫多大學當研究生時，我閱讀了黛安．艾克曼（Diane Ackerman）以華麗文筆書寫的《感官之旅》（*Natural History of the Senses*）。儘管學術的象牙塔不怎麼重視嗅覺的奧祕，黛安．艾克曼卻將書中五分之一獻給這個神奇的感官系統，總算讓嗅覺得到平反；艾克曼熱情與精彩的散文在我心中播下種子，**希望總有一天能與他人分享我的嗅覺感官之旅**。

我的博士論文並沒有經過太多苦思摸索，便成功尋得氣味喚起記憶之獨特

a｜羅塞塔石碑刻有同一段詔書的三種語言版本，現保存於大英博物館，爲解讀失傳千餘年的埃及象形文提供重要線索。

性，接下來的文章中將能瞭解到那些特徵。取得博士學位後，我至加拿大英屬哥倫比亞大學擔任博士後研究員，在那裡發現如何利用氣味協助人們記憶各式各樣的資訊。完成博士後研究，我到美國費城的莫乃爾化學感官中心（Monell Chemical Senses Center）開始教職生涯，並持續了六年。接著自二〇〇〇年起，移居至美國羅德島州，於布朗大學擔任終身教職至今。

如何利用文字產生嗅覺假象等研究

近乎二十年的嗅覺研究裡，我發現人們喜愛或厭惡氣味的原理和成因，及相較於其他知覺經驗，氣味喚起的記憶有何特殊與迥異之處。也發現對於氣味、氣味學習及氣味記憶而言，情緒具有重要且根本的影響力。另外，我還探討氣味與情緒之間的密切聯結如何影響我們的行為。我的其他研究面向，包括**如何利用文字產生嗅覺假象**，**還有氣味如何能夠點燃或澆熄性吸引力**。本書將為你一一揭露這些嗅覺的奧祕。

我於科學期刊發表逾五十篇原創性論文，也曾為大學教科書及學術文集撰寫一些章節。同時，我活躍於香料及食品圈，是食品科技學會（Institute of Food Technologists）著名的講者，同時從一九九〇年代中期以來，成為香精香料產業的諮詢顧問。

我何其幸運，能有機會成為小池塘裡的一條大魚。過去十年來，有關嗅覺的分子及生化研究如雨後春筍般蓬勃發展，其中最具突破性的發現，就是琳達・巴克(Linda Buck)與理查・阿克塞爾(Richard Axel)於一九九一年找到嗅覺受器(olfactory receptors)的基因序列，這項發現於二〇〇四年榮獲諾貝爾獎。相形之下，**嗅覺心理學研究仍像一塊非常狹小但極其豐饒的園地，而我在裡頭辛勤耕耘**。

「嗅覺缺失症」：沒有了嗅覺，人生意義盡失

尤其幸運的是，我並非透過悲慘經歷才得以瞭解嗅覺是多麼神奇的感官。幾年前我認識一位女性，當時她剛從一場殘酷的車禍失去嗅覺。在接下來的章節中會認識到這位女性——潔西卡・羅斯(Jessica Ross)，她的故事正是促成我寫這本書的靈感之一。她和大多數人一樣，將嗅覺視為理所當然，一旦失去，她才發現嗅覺難以置信地與生活一切事物皆有關聯，沒有了嗅覺，整個生活被改變，人生意義盡失，再也無法挽回。

如果你和大多數人相同，那麼你大概不曾認真看待自己的嗅覺。一項由賓

州大學保羅．羅津（Paul Rozin）教授設計的問卷調查發現，當要求受測者評比失去各種生理特質所代表的重要性時，嗅覺幾乎墊底。人們評比喪失大腳趾與喪失嗅覺的等級相當，這實在是大錯特錯，接下來我將為各位證明，嗅覺對於生活中許多重要的層面是如何的舉足輕重。

想知道嗅覺有多麼的重要，就必須先設想沒有嗅覺的生活會是如何。對於「嗅覺缺失症」（anosmia）患者而言，這種毀滅性的疾病讓一切轉變。嗅覺是人性所不可或缺，無論在情感、生理、性愛或社會層面上。**少了嗅覺，我們辨識自己與他人的能力變得模糊**，我們的情感世界麻痺遲鈍或紛擾不安，我們喪失享受美食的能力，我們的健康及性慾可能衰退，甚至我們辨認誰是生物學上合適配偶、能夠繁衍最佳後代的本能也嚴重減弱。其實嗅覺缺失症並不罕見，之所以看起來寥寥無幾，是因為這種疾病的診斷率不足，且醫療對此通常漠不關心。根據患者資料保守估計，每二十位美國人就有一位罹患嗅覺缺失症，但許多嗅覺障礙患者卻沒有就醫。實際上，嗅覺功能障礙（olfactory dysfunction）發生率驚人的高，且是最常見的老化跡象之一。不管嗅覺是在短暫時間內突然喪失，還是多年來一點一滴逐漸流逝，對患者接下來的人生不僅造成本質上的影響，也帶來戲劇性的轉變。

少了嗅覺便嚐不出蘋果和馬鈴薯的差別

嗅覺就像五官中遭受遺棄的孤兒。有關視覺的書籍數以百計，圖書館架上陳列一部部聽覺及觸覺方面的著作，由於和食物的關聯性，味覺相關的藏書也十分豐富。但直到最近幾乎還是沒有關於嗅覺的書籍，特別是專業領域外，滿足一般讀者好奇心的書籍。盼望每位閱讀本書的人，不再將自己的嗅覺視為理所當然；**也期盼在讀完本書後，永遠都會眞誠地騰出時間好好聞一聞玫瑰或培根，細細品味嗅覺所賦予你的一切美妙及天賦**。

藉由本書，你將發現嗅覺對我們的舉止、反應、品味、思考、行為及情愛，影響多麼深遠。你將驚訝於**嗅覺對心理和生理健康的影響力，甚至可以左右我們挑選想看的電影及想買的商品**。你將發現芳香療法（aromatherapy）及費洛蒙（pheromones）暗藏的真相與迷思。你將瞭解狗如何利用嗅覺拯救人類的性命，以及得知不遠的未來有哪些前衛發明正恭候我們，例如「嗅覺暨視覺傳播」（Smell-O-Vision）及「黃蜂獵犬」（wasp hounds）。你也將獲悉許多驚奇、實用又有趣的事實，例如嗅覺在睡眠中停止反應，還有少了嗅覺便無法嚐出蘋果與馬鈴薯之間有何差異。

本書安插許多有趣的小故事，以說明有關嗅覺的突破性發現。比方說，心理學家麥克·奧馬漢尼（Michael O'Mahoney）曾於廣播節目進行實驗，告訴聽眾某個人耳無法聽見的音波頻率其實會刺激嗅覺。該廣播節目結束後，電台接獲許多聽眾的電話，抱怨他們聞到奇怪的氣味，甚至還起了過敏反應。這個現象證明透過暗示，可以如何輕易地捉弄及操縱嗅覺，同時示範了產生氣味假象的其中一種方法。

嗅覺與情緒、記憶、行為及健康緊密結合，氣味影響人際關係及家庭連結，激起我們對人和對食物的熱情。藉由閱讀本書，你不僅能對自己驚人的嗅覺擁有更多感激與認識，還能瞭解**如何透過各種方式利用嗅覺改善及豐富生活**。認識到自己的嗅覺是多麼難能可貴，會賦予你更深摯及感性的生活體驗。這是我的榮幸，能夠與各位分享我所瞭解最神祕、與情緒最緊密聯結的感官，也就是我們的嗅覺，這個令人驚奇的慾望感官。

致謝

Acknowledgments

我的導師嗅覺心理學研究之父特里格·恩根

我涉足嗅覺世界的起點，亦為本書之濫觴。首先要感謝我的博士班指導教授傑洛·卡菲克（Gerald Cuphick），使我有能力追求這條非凡的學術之路，也要感謝在接受科學訓練初期指導我的良師們：佛格斯·葛雷克（Fergus Craik）、愛莉森·弗萊明（Allison Fleming）與艾立克·艾希（Eric Eich）。從開始研究嗅覺這一路上，有許多科學家、同儕、朋友及家人與我同行，他們的影響力或著作在本書中多次提及，而沒有他們的參與，這本書不可能完成。尤其推崇備至的是特里格·恩根（Trygg Engen）的卓越才智與獨創性，他是我的嗅覺導師，亦是嗅覺心理學研究之父。

本書能完成其實還仰賴許多人的協助，我想要一一言謝。過去在莫乃爾化學感官中心的同事們——亞歷山大・巴赫曼諾夫（Alexander Bachmanov）、貝弗利・柯瓦特（Beverly Cowart）、茱莉・曼紐拉（Julie Mennella）、瑪西亞・裴查（Marcia Pelchat）、喬治・普雷提（George Preti）、南西・羅森（Nancy Rawson）、萊斯里・史坦（Leslie Stein）、查克・維索奇（Chuck Wysocki）、山崎邦郎（Kunio Yamazaki），以及最重要的蓋瑞・波尚（Gary Beauchamp）慷慨相助不遺餘力，解答各種問題與疑惑，提供許多資料。

感謝美國嗅覺協會與香水基金會的泰莉・莫納

啟發我的還有學術界與業界的其他同事們——約翰・考爾（John Kauer）、理查・杜提（Richard Doty）、伊絲泰勒・坎本尼（Estelle Campenni）、維樂瑞・達菲（Valerie Duffy）、約翰・黑斯（John Hayes）、丹娜・斯摩（Dana Small）、保羅・羅津、蘇珊・納斯柯（Susan Knasko）、琳達・巴特舒克、克雷格・華倫（Craig Warren）、史蒂芬・瓦倫堡（Stephen Warrenburg）、馬克・帕耳提（Mark Peltier）及愛琳・肯尼（Eileen Kenney）。此外，要特別感

謝任職美國嗅覺協會（Sense of Smell Institute）與香水基金會（The Fragrance Foundation）的泰莉．莫納（Terry Molnar），不吝提供關於「精調香水」的資訊，也相當感激基金會多年來持續關注並鼎力支持我的研究。

許多記者及作家直接或間接影響我思考及撰寫這本書，令我感激不盡，他們是安妮．莫林斯（Anne Mullins）、堤娜．海德利（Tina Headley）、嘉博兒．葛蕾瑟（Gabrielle Glaser）、理查．道金斯（Richard Dawkins）、史蒂芬．平克及黛安．艾克曼。同時感謝葛雷格．唐尼尼（Graig Donini）與 Sinauer Associates 出版社，同意讓我使用本書第一章列出的圖表。

許多人的專業知識及天賦，無可取代地促成這本書的誕生。尤其有功勞的是海麗特．貝爾（Harriet Bell）、約翰．麥坎（John McCann）、凱薩琳．麥坎（Kathleen McCann）、芭芭拉．哈諾（Barbara Hano）及納旦尼爾．赫茲（Nathaniel Herz），他們給予我廣泛的學術及寫作建議。而朱蒂斯．赫茲（Judith Herz）、傑瑞米．沃爾夫（Jeremy Wolfe）、瑞秋．丁道爾（Rachel Tyndale）、瑪莉．卡爾斯卡頓（Mary Carskadon）、厄爾．夏普（Eryl Sharp）及艾德．布朗（Ed Brown），如同默默辛勞的研究助理般，提醒我嗅覺領域各項重大最新發現，我對他們滿懷感激之情。尤其激賞的是精明幹練的編輯——瑪裘莉．布拉曼（Marjorie Braman），我何其有幸能與她共事，還有傑出又勤奮的經紀人——溫蒂．史卓曼（Wendy Strothman），沒有她就沒有這本書；另外，也感謝史卓曼經紀公司其餘的工作人員。

獻給愛犬茉莉，牠敏銳的嗅覺爲我帶來靈感

對於最親愛的朋友及親人們，感激之情自不待言，這本書從開始到完成，你們一路鼓勵著我，也是我的靈感泉源。最後，格外特殊的謝意要獻給厄爾．夏普，只因他持續不斷勉勵及支持我，還有獻給我活躍的愛犬茉莉，牠敏銳的嗅覺及對氣味的著迷總令我驚嘆，並帶來靈感。

第 1 章

慾望的感官

The sense of desire

氣味確實是比景象或聲音，
更能撩動心弦。
——納博可夫（Vladimir Nabokov）

我居然連我女朋友的味道都嚐不到了！

一九九七年十一月二十二日，全球知名的澳洲印克斯樂團（INXS）主唱麥克．赫金斯（Michael Hutchence），被發現全身赤裸陳屍在飯店臥室內，用自己的皮帶上吊身亡。首先遭受懷疑的，是麥克生前最後會面、與他有過一段情的多年好友凱姆．威爾遜（Kym Wilson）。凱姆堅稱，前一晚她與男友到麥克的飯店房間拜訪他，離開時麥克仍然衣著完整。不久凱姆的嫌疑便獲解除，因為死因證實為自殺。但是，像麥克．赫金斯這樣成就非凡又不虞匱乏的人，為什麼要自尋短見？是什麼將他捲入憂鬱的深淵，最終使他結束自己的生命？來自朋友及同事的各種說法，甚至麥克．赫金斯本人的訪談，都指向一個足以使他自殺、關鍵的人生轉折。

一九九二年九月，麥克．赫金斯發生一場離奇的車禍。從哥本哈根某家夜總會騎自行車返家途中，他被一輛汽車衝撞導致顱骨破裂。麥克去世幾個月後，新聞記者羅伯特．彌利肯（Robert Milliken）在一九九八年三月英國《獨立報》（*The Independent*）的採訪專欄中寫道：「他的朋友確信那場車禍是個轉捩點，從此以後，他憂鬱症發作的次數與日俱增，也開始依賴百憂解（Prozac）。」澳洲前衛導演理察．羅文斯坦（Richard Lowenstein）告訴彌利肯，自從那次意外，麥克就逐漸陷入低潮。理察過去從未看過麥克有任何憂鬱症跡象、古怪行為或火爆脾氣，然而車禍之後這一切便層出不窮，理察也坦承有一晚在墨爾本，麥克甚至情緒失控倒在他懷裡，啜泣著說：「我居然連我女朋友的味道都嚐不到了！」

車禍當時到底發生了什麼事，會對麥克．赫金斯造成如此大的傷害？他的腦部遭受導致病變的不知名損傷嗎？還是更本質更明顯的傷害？麥克是無可救藥的享樂主義者，也是徹底迷戀感官刺激的一個人。[1]他從不諱言自己過著頹廢的生活，對美食的熱衷與對生命的渴求都圍繞著物質揮霍，而今這些誘人的愉悅卻灰飛煙滅，**因爲那場意外奪去了他的嗅覺**[a]。沒有了嗅覺，那食物的誘惑、那性愛的汗液淋漓、那海濱散步的氣息、那思鄉的情懷，**那些生命的本質從此被剝奪**。

據說在意外之後，麥克跌入讓他不斷衰弱的憂鬱裡，再也無法自拔。隨著憂鬱症惡化，他更加仰賴處方藥物、違禁藥品及酒精，但這些痲痺心靈的物質只是枉然。是否喪失嗅覺扼殺了他最基本的人生樂趣，進而對身心造成劇烈影響，讓他覺得人生不再值得繼續？以我對嗅覺及喪失嗅覺後果的認識，事實很可能就是如此。

a｜雖然他的殘疾被敘述爲喪失「嗅覺與味覺」，但通常人們即使僅失去嗅覺，也會認爲自己同時失去了味覺。這是因爲味道主要是由嗅覺產生，而非味覺本身（請參閱第 7 章）。很有可能麥克．赫金斯就如同上述情況一樣，只有失去嗅覺。

嗅覺缺失症可能造成麥克．赫金斯自殺

失去嗅覺，在醫學上稱為嗅覺缺失症（anosmia，簡稱為嗅盲）。根據我對神經學、心理學及臨床實證的深刻理解，我推測這正是麥克．赫金斯自殺的關鍵因素。首先，嗅覺與情緒之間的神經聯結格外密切。**處理氣味與情緒的腦部區域彼此交織共存**的程度，是任何其他腦部區域無法比擬的。氣味與情緒位於同樣的神經網絡結構，稱為邊緣系統（limbic system）。邊緣系統是腦的原始核心，由於爬蟲類同樣具有這個部位，有時也稱為爬蟲類腦（reptilian brain），或顧名思義稱為嗅腦（rhinencephalon）即「鼻腦」。

邊緣結構中，主要與嗅覺中樞互動的部位是杏仁核（amygdala）。杏仁核是腦部掌管情緒的位置，**沒有杏仁核便無法體驗或處理情緒經驗，無法傳達自己的情緒，也無法理解或回憶情緒事件**。腦功能成像研究（Brain imaging studies）結果顯示，當我們察覺到某個氣味，杏仁核便開始活化，對該氣味的反應越情緒化，杏仁核的活化就越強烈。除了嗅覺外，沒有任何知覺系統如此獨特且直接地，影響杏仁核這個控制人類情緒的腦部區域。

針對嗅覺缺失症患者進行的臨床研究也顯示，嗅覺缺失症可能造成麥克．赫金斯自殺。歷經一場導致嗅覺缺失症的急性頭部創傷後，患者經常抱怨對往

常喜愛的事物失去興趣、感覺悲傷、食慾不振、難以入眠、失去生活動力、無法專注等症狀，如果沒有加以治療，患者可能會將自殺想法付諸實行。[2]根據第四版《精神疾病診斷與統計手冊》這本臨床醫師歸類心理疾病的聖經[3]，上述症狀都是重度憂鬱症（major depression）的主要診斷標準。

嗅覺缺失症與憂鬱症狀在人類身上表現出關聯性，但其間的因果關係卻藉由動物實驗證實。嗅球（olfactory bulbs）遭手術切除而不再能感知氣味的大白鼠，表現在生理及行為上的轉變，顯然與罹患憂鬱症的人相似。牠們不吃不喝，只是躺在籠子裡，而且對玩具及那些牠們往常熱衷的活動興趣缺缺。

相關研究也指出，嗅覺缺失症患者的憂鬱症會逐漸加劇。一項研究將意外創傷後遭致視盲與嗅覺缺失症的患者做對照，發現失去視覺的人一開始所受到的打擊，比那些失去嗅覺的人大。然而，一年後的追蹤分析顯示，嗅覺缺失症患者的情緒健康程度遠遠落後於視盲患者，並且逐日惡化。有些患者因此需要住院治療，而有些更不幸的患者，就像麥克．赫金斯一樣悲劇性地以自殺收場。

曾有些人擔心他們的嗅覺缺失症會引發自殺，因此求助於我。他們得知類似麥克．赫金斯的故事，而本身也正經歷憂鬱症狀。第一個詢問我這類問題的是潔西卡．羅斯，在我成為她向保險公司索賠訴訟的專家證人後，對她的情況有更深入的瞭解。

我有辦法證明潔西卡嗅覺喪失的殘疾是多麼嚴重嗎？

兩年前的某一天，我正在辦公室工作時，電話鈴聲響起。電話那端的人介紹自己是比爾．亞當斯（Bill Adams），在佛羅里達州一家信譽卓著的法律事務所擔任合夥人。他解釋目前承接一個案子，是關於因為車禍失去嗅覺的一位女性，他們需要一位氣味專家，來確認訴求索賠的正當性及責任範圍。他打這通電話的目的，是徵詢我是否有意願擔任這場訴訟的專家證人。

潔西卡．羅斯，二十八歲新婚女性，任職於會計師事務所。有一天從宴會回家途中，她乘坐的轎車在高速公路上與一輛貨車發生衝撞。當時坐在後座的她，整個人被往前拋，並猛烈撞擊前座及擋風玻璃。她的臉部承受最重的衝擊力，尤其是眼睛及額頭周圍，為了修補這些傷害，往後不到一年的時間內她就接受了三次手術。潔西卡顱骨破裂的位置大約在眉毛的高度，這嚴重影響眉骨背後的腦部區域——嗅球，以及負責處理氣味刺激的嗅覺皮質（olfactory cortex）。

嗅球是兩個形狀及尺寸類似藍莓的腦部延伸構造，每一個嗅球對應一邊鼻孔。分隔鼻子的神經細胞與腦部嗅球的，是一片非常纖薄脆弱的骨頭，稱為篩狀板（cribriform plate）。篩狀板佈滿成千個極微小的孔，嗅覺受器神經細胞之終端（即軸突〔axons〕）穿過這些小孔，匯集到腦部。當前額承受重擊，導致篩狀板歪斜，剪斷穿梭其間纖細的嗅神經軸突，如同用刀刃劃開蜘蛛網一般。被切斷軸突的嗅神經儼然死亡，嗅覺便受到破壞，而軸突再也無法增生，嗅覺將永遠喪失。**許多類型的前額受傷皆可輕易造成嗅覺喪失**，舉例來說，在一記朝臉重撲的擒抱之後，橄欖球員也經常遭受相同命運。這就是麥克．赫金斯的顱骨骨折讓他失去嗅覺的真相。

亞當斯向我說明之後，接著問我是否認為那場車禍可能使潔西卡喪失嗅覺。我確實這麼想。他也解釋，雖然潔西卡的嗅覺早在幾個月前已明顯喪失，但直到現在她才發覺這項殘疾帶來的傷害有多大。潔西卡正準備提起訴訟，要求當事人為她的嗅覺缺失症及生活品質損失負責。亞當斯告訴我，在與我接觸之前他已尋遍所有可得文獻，卻無法找到任何法律判例或醫學實證與嗅覺缺失症所導致的嚴重傷害有關。美國醫學會（The American Medical Association）出版的《永久損傷評量指引》（*Guides to the Evaluation of Permanent Impairment*）目前界定嗅覺及味覺喪失的損傷程度，僅相當於人類生命總價值的百分之一至五，而視覺喪失則相當於百分之八十五。**在嗅覺喪失這樣被漠視的情況下，我有辦法協助潔西卡證明她的殘疾是多麼嚴重嗎**？這真的能與喪失視覺相提並論嗎？

潔西卡告訴我，她與她的自我也失去連結

當潔西卡的律師打電話給我時，手術已把她完整拼湊起來。醫師記載她的腦部中樞沒有損傷，並宣稱她身心健全，除了喪失嗅覺以外。為證實她所抱怨的不適，潔西卡接受了氣味辨識檢測b，得到的結果指向純粹嗅覺缺失症。毫無疑義，我認為她已完全並永久地喪失嗅覺。我請亞當斯安排電話訪談，好讓我瞭解潔西卡適應得如何。

我詢問潔西卡一連串有關生活各個層面的問題，足足轟炸了她好幾個小時。**潔西卡告訴我，她感覺與人們失去連結，更糟的是，她與她的自我也失去連結。**她覺得現在的自己無法勝任持家及照顧他人的角色，對性生活不再感興趣，以往熱愛交友的她，現在盡可能逃避人際接觸。不單如此，潔西卡甚至抱怨自從車禍之後，她的情感生活劇烈逆轉，無時無刻不感到憂鬱。她吐露：「我先生說我的個性變了。」當我請她說明這些改變時，她說，打從車禍之後，她的情緒更加焦躁，對他人感到越發矛盾，別人對自己的看法她也蠻不在乎，而且許多時候她憂傷不已，老是掉眼淚。另外，這期間讓她隨時忐忑不安及揮之不去的，就是**萬一出了什麼可怕的事，她卻毫不知情**，因為她不再能像從前一樣透過鼻子察覺：火災，腐壞的食物，甚至自己的體味。

b｜賓州大學氣味辨識檢測（Smell Identification Test）在醫療上廣泛使用來診斷嗅覺缺失症，讓受測試者試聞各種摩擦生香的樣品，辨識其氣味。

我們談話時，潔西卡的聲音從頭到尾都平淡單調，她表現出憂鬱症的所有典型症狀。同時，潔西卡認為自己的情緒狀態每下愈況，這也讓她十分憂心。不幸的是，潔西卡說的沒錯。嗅覺缺失症使**嗅覺系統調節異常，導致情緒系統原本健全的功能一路下滑**。

憂鬱與嗅覺之間的神經迴路

潔西卡．羅斯、麥克．赫金斯和臨床研究在在向我們證明，嗅覺缺失症確實能夠導致憂鬱症。相反地，事實也證明憂鬱症可以造成嗅覺喪失。嚴重憂鬱症患者時常向心理治療師抱怨，認為自己察覺氣味的能力忽然減弱了。他們發瘋了嗎？其實不然，**憂鬱症的確會引起嗅覺喪失**。針對診斷重度憂鬱症患者所做的氣味敏感度測試，發現在正常濃度下，患者察覺氣味的能力顯著減弱。另外，重度憂鬱症患者在抗憂鬱劑治療之後嗅覺敏感度改善的事實，也進一步凸顯情緒健康與嗅覺健康彼此脣亡齒寒的關係。**4**

另有一種特殊類型的憂鬱症，稱為季節性情感疾病（seasonal affective disorder; SAD），這類患者的嗅覺敏感度比正常人要強，而且更驚人的是，如此優異的敏銳嗅覺一年四季從不間斷。之所以驚人乃是因為，季節性情感疾病的表現不像典型憂鬱症。後者隨時都可能發生，且通常持續數把月或更長的時間。然而，季節性情感疾病這種憂鬱症，只在日照量減少的冬天出現；到了春天，患者又變回正常快樂的人，偶爾還甚至有躁症（manic）。這正是季節性情感疾病名稱的由來。

季節性情感疾病在冬天的症狀包括：情緒低落、食慾增加、睡眠時間延長及缺乏動機。儘管季節性情感疾病對情緒影響顯著，近代研究顯示，這種疾病本質上涉及體內的晝夜節律（circadian rhythms），這套生理時鐘掌管我們昏昏欲睡及清醒的時間，受光線的影響非常大，且每天隨著二十四小時週期起伏。一旦冬天來到，因為日照量低落，憂鬱便啟動，而當春天降臨以致於日照量增加時，情緒也跟著上揚。季節性情感疾病患者以光療法（light therapy）[c]有效治療的事實，更進一步凸顯光線在此疾病中的決定性。這或許同時解釋了，季節性情感疾病不像典型憂鬱症那樣讓嗅覺減弱的原因。我認為季節性情感疾病不同於典型憂鬱症，影響憂鬱與嗅覺之間關係的並非杏仁核，而是另一個關鍵的邊緣結構——**下視丘**（hypothalamus）。

c｜研究顯示，每天早晨患者坐在距離光源約十六英吋的地方，接受強度一萬勒克斯（lux）的光照達半小時，是最有效治療季節性情感疾病的方法（請參閱多倫多大學精神衛生暨藥酒癮中心羅伯特．列維坦〔Robert Levitan〕醫師的研究）。

對氣味的敏感度也會隨著月經週期變化

你或許已注意到，季節性情感疾病的某些憂鬱症狀與重度憂鬱症大相徑庭；比方說，增加而非減少的睡眠時間及食慾。下視丘主要控制的，就是我們對飲食、睡眠、攻擊和性的本能需求。在冬眠動物腦內，下視丘也是控制冬眠的部位，數項研究已顯示，季節性情感疾病可能是模仿冬眠的一種心理現象。而季節性情感疾病患者發生的下視丘功能失調，恰好印證這樣的見解。如同所有邊緣結構，下視丘也會與嗅覺系統互動。我相信季節性情感疾病所導致的**下視丘失調**，**會讓嗅覺皮質比平常更加敏感**，反之，**杏仁核功能失調則讓嗅覺皮質較不敏感**。

下視丘支配的另一個生物過程，就是月經週期。女性對氣味的敏感度也會隨著月經週期變化，在排卵期這個生育能力最強的時期，嗅覺敏感度變得格外高。此現象在生物學上具有重大意涵，因為這證明氣味對於吸引異性及尋找「恰當的」配偶而言，都是關鍵因素，這尤其適用於女性。另外，女性遠比男性容易罹患季節性情感疾病，這並不單純從罹患憂鬱症的女性人口多於男性人口推論而來，而是因為女性有關嗅覺敏銳度及性生理的下視丘機轉，很有可能就是季節性情感疾病使嗅覺敏銳度變化的原因。

在車廂噴巧克力味，降低乘客推擠碰撞率

比起任何其他知覺體驗，氣味更有誘發情緒的能耐：讓我們滿心歡喜或怒氣衝天，使我們熱淚盈眶和心痛不已，挑起我們內心的恐懼，或撩撥我們的慾望。你是否曾被突如其來的畏懼感襲上心頭，卻不知所以，然後才注意到空氣中瀰漫著一股奇怪的氣味？二〇〇一年九月十一日之後幾個月期間，當行走在世貿中心鄰近的街道上，或乘車經過附近的地鐵站時，成千個紐約人就曾有這樣的經驗。那奇怪的焦焚味及煙塵味，在剎那間喚起過去的恐懼。換個比較愉快的敘述好了，一陣小雨過後，土壤和青苔濕潤清爽的氣味，是否曾帶給你恬逸平靜的美好感覺？這些例子說明，日復一日，氣味是如何透過特殊方式影響情感生活，左右心情，以及喚醒情緒的記憶。

氣味不只能誘發情緒，氣味還可以成爲情緒。我的研究已證明，氣味確實可以透過聯想轉換成情緒，然後發揮如同**情緒代理者**的作用，影響我們如何感受，如何思考，以及如何行動；我把這稱為「氣味與情緒制約」（odor-emotional conditioning）。我的實驗室發現，藉由將挫折感與一種陌生氣味配對，可以使這種氣味如同挫折的心情般改變行為。有一項研究，首先讓一群兒童嘗試完成令人挫折的迷宮，同時讓他們體驗一種氣味，使兒童將挫折感與這種氣味聯結

在一起。接著，讓這些兒童執行一項簡單的測驗，其中部分兒童再度暴露於這種氣味，而其他兒童則暴露於不同氣味，或沒有暴露於任何氣味，結果發現前者在執行簡單測驗時比較沒有動機，測驗結果也較差。另外一項研究，讓一群成人也經歷挫折與氣味聯結的過程，之後讓這群成人解答困難的單字問題，其中部分成人暴露於「挫折關聯氣味」，其餘成人則沒有暴露於這種氣味，結果同樣發現，前者對解題顯得較無動機，花在解題上的時間也比較短。對暴露於挫折關聯氣味的那些受試者而言，氣味被制約成為挫折感，因此氣味相當於挫折感，以至於即使聞到這種氣味，都能影響個體感到挫折及缺乏行為動機。**氣味引起的行爲，就像實際經歷情緒所引起的行爲一樣。**

與氣味的正向聯結，也能促成正向情緒制約，因此可以發展出許多可能的運用方式，讓社會受惠無數。若將聰慧的感覺與特定氣味聯結，往後當工作或課業面臨挑戰時，便能使用此氣味。對於學業成就低或工作鬥志消沉的人們，可以利用這樣的氣味與情緒制約，來改善表現及生產量。不只如此，**氣味與情緒制約也能用來改善壓力情境下的社會行爲**。比方說，藉由聯結正向情緒與特定氣味，可以使用這種氣味來減少暴力或反社會行為。杜克大學心理學家蘇珊．史基佛曼（Susan Schiffman）為了探討**香氣對社會行爲的影響力**，在紐約市地鐵車廂內噴灑巧克力碎片餅乾這類宜人的氣味，然後檢測這些芳香的氛圍是否會讓乘客比較不具攻擊性。而她確實觀察到，在灑有香氣的車廂內，乘客們推擠、碰撞、發表無禮言論的頻率，是沒有噴灑香氣的車廂的一半。

靠近好聞的事物，像接近開心事物的本能

為什麼氣味經驗與情緒經驗之間的聯繫如此密切，這對人類及這兩個系統而言又有什麼意涵？根據我的研究成果，以及我對於演化原理、臨床發現和情緒相關研究的深入瞭解，有個理論或許可以解答上述問題。化學感官（chemical sense）是地球動物體內最早出現的感官，也是現今所知最原始的單細胞生物與人類唯一共同擁有的感官。不管過去或是現在，這個感官的根本目的都是偵測化學物質，使生物能夠知道「來者」是善是惡，以達到生存目標。這是好的化學物質（如食物），還是壞的化學物質（如毒藥）？我該靠近，抑或躲開？此為嗅覺最基本的型式。嗅覺從這個非常簡單的求生指南，演化成為高度錯綜複雜的可行或不可行系統，指引我們覓食和尋找配偶、建立社會階層、躲避天敵、評估該積極還是害怕，以及許多其他複雜的行為。嗅覺是大部分動物用來因應世界的主要感官，也是牠們賴以生存的感官，與我們同屬靈長類的其他動物也不例外。對人類而言，儘管視覺接替成為求生的主要感官，**氣味仍舊召喚我們身**

上殘留的原始求生本能。

我們對氣味最立即的反應就是評估好或壞。靠近聞起來好的事物，遠離聞起來壞的事物。情緒也傳達類似的單純信息。像是歡喜及關心等正向情緒告訴我們靠近、上前去繁殖，最終達到成功生殖及生存的目的；像是憤怒、恐懼及厭惡等負向情緒告訴我們躲避，並激發逃跑或戰鬥反應，使我們得以生存。人類透過情緒所透露的靠近與躲避密碼，就如同其他動物透過嗅覺所透露的信息。

嗅覺與情緒之間的關聯性不只藉由類推間接得知，也從人類腦部的演化找到印證。原始的嗅覺皮質是人類腦部最初的構造，此神經組織之後發展出杏仁核，以及邊緣系統這個集合結構，前者是處理情緒的部位，後者是掌管記憶及動機的部位。換句話說，體驗情緒及表達情緒的能力，直接源自腦部處理氣味的能力。我常想，要是我們沒有嗅覺，是否還會有感情呢？換言之，我聞故我愛嗎？

我的見解是，對於動物，支配基本行為動機的是嗅覺；對於人類，經過高度演化及抽象認知過程後，支配基本行為動機的則是情緒系統。情緒之於人類，就如同氣味之於動物。氣味直接且明確地告知動物存活信息；但對人類來說，這個原始生存密碼被轉換成情緒體驗。我把這稱作「嗅覺與情緒轉譯」（olfactory-emotion translation）。

嗅覺與情緒轉譯的概念是，**嗅覺與情緒體驗根本上就是相互聯繫及雙向交流的**，兩者具備的功能如出一轍。我認為，人類腦部已將動物指引生存的嗅覺系統，整合成為人類指引生存的情緒系統。但是，我憑什麼這麼認為呢？

如同先前曾提及，有關患者的研究發現，喪失嗅覺帶來憂鬱症，憂鬱症也讓嗅覺消失。以嗅覺缺失症來說，原本刺激杏仁核的嗅覺神經細胞不再具有活性，經過一段時間之後，嗅覺皮質失去活性便造成杏仁核萎縮及／或功能失調，並埋下日後憂鬱症發作的種子。當憂鬱症先發病時，我推測由於杏仁核功能異常，影響或削減了原本會刺激嗅覺皮質的健康活性。也就是說，杏仁核功能失調改變嗅覺皮質的正常功能，嗅覺皮質功能失調亦改變杏仁核的正常功能。人類腦部掌管嗅覺與情緒的構造，仰賴彼此維護共同的健全，當其中一方功能失常，就會連帶影響另一方的功能。嗅覺與情緒彼此合作無間，但卻不一定總是正向的。

用文字表達情緒，和描述嗅覺一樣難

從心理學的角度來看，人類對氣味的立即反應非常單純，幾乎是在瞬間評估喜愛或厭惡；因此許多情緒學家認為，這個根本的「喜愛」反應，就是人類極度複雜的情緒系統的基礎。甚至，情緒體驗與嗅覺同樣原始、出於本能，同樣超乎言辭語意所能分析。試著說明你為何愛她，和說明這間閣樓聞起來像什麼，你會發現，**當使用文字解析情緒體驗，以及使用文字表達嗅覺體驗時，我們都遭遇類似的難題**。在嗅覺體驗與情緒體驗之間，具有根本的類同性及雙向互動。

意外所導致的嗅覺缺失症，之所以成為麥克．赫金斯自殺的關鍵因素，是因為失去嗅覺嚴重瓦解心理健康及幸福，而嗅覺在完好無恙的狀態下，可以為生活各個層面帶來諧和感、豐富感，以及美好的情緒品質。對於生活充滿聲色娛樂及感官刺激的人，氣味所能賦予的情緒豐富性更是顯著。實際上，對於氣味的重視及欣賞，可以增加嗅覺能力。最近在加州大學柏克萊分校的研究已證實，同樣一種氣味存在的情況下，當人們專注於察覺氣味時，某部分的腦會被活化，但是當人們不留意周遭氣味時，這部分的腦即完全沒有反應。這樣明顯的差異，人們竟渾然不覺。**5**

從傳記的描述看來，麥克．赫金斯似乎不僅重視氣味，他還借助氣味來放縱自己。就像潔西卡．羅斯一樣，沒有嗅覺的生活對麥克．赫金斯而言是一片陰霾，而這片陰霾隨著時間日益蔓延，終於永無止盡地籠罩他的生活。對看重感官娛樂的人而言，不再能夠尋求這些基本慰藉，就像癮君子失去海洛因所帶來的快感一樣。再也無法重拾這種快感，加上不斷尋覓落空所導致的絕望，我相信就是最終擊垮麥克．赫金斯的原因d。

藏在汗水裡，恐懼的氣味分子

我主張嗅覺與情緒之間就像兩線道高速公路彼此交流，但此論點的矛盾之處在於，我們能否嗅出情緒。你怕狗嗎？若怕的話，有沒有注意過，當你在牠們周圍時，這個號稱友善的寵物是否表現反常，儼然有把你叼到一旁折磨的打算？或者，不情願地被哄騙騎上馬背時，你的那匹馬是否抬起前腿企圖跨越馬場柵欄。如果這些例子引起你的共鳴，那麼你會同意，許多動物似乎有辦法看穿我們的焦慮。當這些動物利用我們的弱點時，牠們究竟感覺到什麼？**答案是，牠們嗅出我們的恐懼**。

在長達三哩的慢跑之後，運動服所吸附的汗液主要由水分構成。但是當我們提心弔膽地等待醫療檢驗報告時，腋下或其他部位的汗液便含有神經系統所調節的腺體分泌物，因而透露出我們的情緒狀態。這種汗液比運動產生的汗液更刺鼻，還具有一種獨特氣味。就像狗兒和馬兒一樣，人類也能辨別得出來。

德州萊斯大學（Rice University）丹妮絲．陳（Denise Chen）教授所做的

d｜這裡並非斷言嗅覺缺失症是麥克．赫金斯自殺的唯一原因，但嗅覺缺失症導致抑鬱的心境，使他當時更難面對一連串打擊人生的負面因素。

研究，證明人類能夠理解彼此恐懼及快樂的氣味。為了調查我們能否嗅出彼此的情緒，她讓一群大學生在觀看喜劇及恐怖片剪輯的同時，在他們的腋窩內墊著紗布。研究人員事後收集這些紗布，並依照性別及電影類別將紗布分為快樂男性、恐懼男性、快樂女性及恐懼女性四類。接著邀請另一群年輕男女用鼻子判斷，腋窩紗布是從處於何種情緒狀態的人收集而來。結果發現，女性從男女兩性所提供的紗布，都能判斷出快樂汗液，男性辨識快樂女性汗液的能力，則比辨識恐懼女性汗液的能力要好，但兩性辨識恐懼男性汗液的能力都是最佳的。其實恐懼女性的汗液也能被辨識出來，只不過因為男性汗液的氣味通常比女性強烈，因此比較容易被辨識出來。6

人類的嗅覺神經傳導路徑

這些能夠提供慰藉、滋生恐懼、燃起最深熱情的氣味，到底是什麼氣味？氣味這種化學物質極度複雜，包含上千種分子，比方說從花圃飄出的玫瑰香氣，就是由一千兩百至一千五百多種不同分子所組成。氣味也可以非常單純，僅由一種分子組成，例如苯乙醇（phenylethyl alcohol），這是在許多護手乳液商品中構成玫瑰香氣的化學物質。然而我的研究出乎意料地發現，人們無法確實分辨這兩種版本的香氣——合成的冒牌玫瑰，或者馥郁的天然花圃。當被詢問孰真孰偽時，人們較可能因為偏愛人工香氣，結果錯將人工香氣當作「真正的」玫瑰。這是由於人們通常較熟悉人造版本的「天然」香氣，而非天然香氣本身，因此**這些合成的贗品取而代之成爲氣味的原型**，人們還以為這些氣味嗅起來就應該如此。

不管是由單一分子或大量分子所組成，並非所有化學物質都能被聞到。**一種化學物質要能被人類聞到，必須具備低分子量e、揮發性及排水性，才有辦法與嗅覺受器結合**。然而這條規則也有例外，人類的鼻子無法察覺空氣中所有微小的油性化學物質，常見的例子就是甲烷（天然氣）。另外，我們也聞不到甲烷的副產品一氧化碳。如果家裡有使用天然氣，你會以為天然氣的氣味像臭鼬或臭雞蛋，其實這是因為能源公司在天然氣中添加了第三丁基硫醇（tertiarybutyl mercaptan）這種化合物，如此萬一瓦斯爐漏氣時，你就能夠「聞」得到。我們除了無法聞到一氧化碳之外，也無法聞到我們呼吸的空氣成分。純空氣中百分之七十八由氮氣組成，百分之二十一由氧氣組成，剩下的百分之一則由二氧化碳、氦氣及氖氣等八種氣體混合而成，但是這些氣體我們全都聞不到。

我們每天至少吸氣兩萬三千次，隨著每次呼吸便有機會察覺初夏夜晚玫瑰飄送的化學物質、情人粉頸上依偎的化學物質、烤箱烘焙的蛋糕，或是那污泥、

e｜分子量高於三五〇道爾頓（daltons）的分子，無法被人類的嗅覺受器察覺，一個道爾頓相當於單一氫原子的重量（1.657×10^{2} grams），單一水分子的分子量是十八道爾頓。

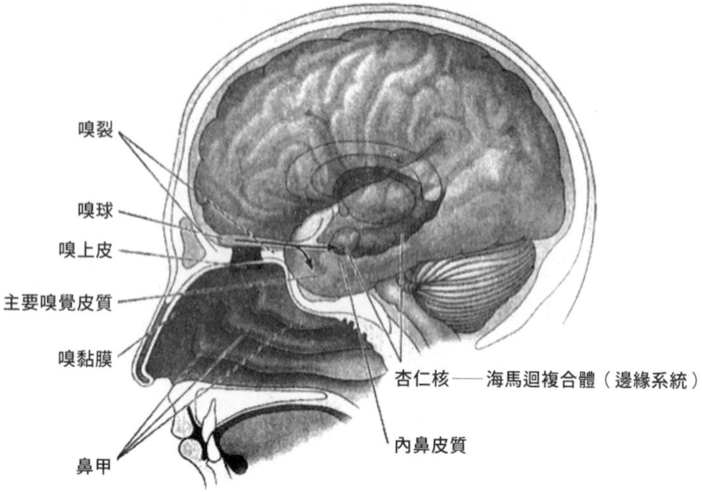

圖1｜取自沃爾夫（Wolfe）等人《感覺與知覺》（*Sensationand Perception*, 2006），Sinauer Associates, Inc.

發霉、汽油和腐敗的氣味……一切你曾聞過的氣味。隨著每次呼吸，空氣中蘊涵的氣味分子便進入鼻孔，並順著鼻子裡的氣流抵達鼻通道內（參閱圖1）。**鼻子除了是嗅覺受器的所在地，更具有將吸入的空氣過濾、暖化及濕潤的作用。**鼻子的內部構造不光是平坦的空腔，還具有鼻肉底下的鼻甲骨（turbinate bones）所形成的複雜皺褶起伏。人類鼻子內部這些皺褶起伏所產生的空氣對流系統，比飛機機翼周圍的氣流更加複雜。此特殊結構容許蘊涵氣味分子的空氣，通過稱為嗅裂（olfactory cleft）的狹窄空間，化學物質便在此與嗅覺受器接觸。

覆蓋嗅覺受器的兩層淡黃色黏膜細胞，稱為嗅上皮（olfactory epithelium），約在兩邊鼻孔上方七公分的位置。嗅覺受器緊接著嗅覺神經細胞的樹突（dendrites）終端，埋在右側及左側鼻孔的嗅上皮底下。人類擁有約莫兩千萬個嗅覺受器，但這跟狗比起來，可謂小巫見大巫，因為獵犬就有高達兩億兩千萬個嗅覺受器。不同於任何其他知覺系統的受器，嗅覺受器直接暴露於體外，這也就是為什麼我們能藉由吸入途徑攝取藥物。

當我們吸入的化學物質接觸到嗅上皮內的嗅覺受器後，神經脈衝（nerve impulses）便從嗅覺受器的軸突經過篩狀板傳入嗅球。接著，氣味資訊從嗅球傳送到嗅覺皮質及邊緣系統，之後並傳送到腦部各個部位，包括視覺、味覺及觸覺中樞。這就是為什麼裝盤美觀的食物，比全部搗成糊狀的同樣食物「嚐」起來更加可口。

專家與一般人的鼻子，唯一的差別是訓練

人類嗅覺所具有的受器數目僅次於視覺，其餘感官所具有的受器數目都比嗅覺要少。然而，腦部專屬於嗅覺的區域卻非常小，只佔約千分之一的總腦容量。人類腦部僅有如此渺小的比例專屬於嗅覺，這個事實造成一個迷思，以為

我們並不擅長嗅覺，然而這種觀念只在相對說法上是正確的。與狗和小白鼠比較，人類的鼻子的確不怎麼靈光，但仍然可以聞到獵犬所能嗅出的大部分氣味，只是需要更高的氣味濃度罷了。

狗可以察覺到的最低氣味濃度，是我們的一億分之一，這樣的敏感度相當於在費城這麼大的城市中偵測到一小滴巧克力。鮭魚的嗅覺也驚人地敏銳，最低能夠在一百萬兆分之三的濃度下，察覺到出生水域的氣味，這相當於將一毫升的氣味，稀釋於三十三京三千三百三十三兆三千三百三十三億三千三百三十三萬三千百三十三毫升的水裡面。

普通人的鼻子能夠分辨一萬到四萬種不同氣味，專業調香師、香水調製者、威士忌調酒師及廚師們，則也許能夠**分辨超過十萬種**不同氣味。專家的鼻子與一般人的鼻子之間，唯一真正的差別是訓練。理論上任何一個擁有健康嗅覺系統的人，都能察覺成千上萬種不同氣味，唯一的限制因素是空氣中可聞分子的數量多寡。

從維多利亞時代逆襲的氣味研究

我們已徹底理解嗅覺的基本解剖結構及生理機能，但更奇特更深入的問題卻尚未獲得解答，就是那一群化學物質從麵包坊門口飄出之後，到底怎麼讓你喊出「可頌」，這仍是個謎。我們已完全瞭解其他感官的基本生理及心理機轉，但對嗅覺的理解卻遠遠落後。

我們對這個最基本的感官的理解如此落後，是因為直到最近，嗅覺仍然不被認為具有研究價值。**「氣味」的概念，被冠上維多利亞時代的負面意涵**，普遍認為動物聞起來有味道就是發臭，文明的人類不會也「不該」如此，由於這類見解的盛行，阻礙了對嗅覺的探索及研究。嗅覺之所以被棄如敝屣，也要歸咎於心理學及神經科學研究者。他們長久以來搪塞的藉口都是，氣味無法進行正確的研究，因為氣味的物理屬性非常難以精確掌握，而且氣味引起的回應相當主觀；所以，研究嗅覺是「不科學的」。舉例來說，以聽覺檢測的物理精確度來要求嗅覺檢測，是相當困難的。誠然，上述種種是研究嗅覺時所會面臨的難題，卻並不代表嗅覺的科學研究本質上就會比較棘手。這只是意謂著，必須將提出的問題、及運用的技術稍做變化，如同你將於本書許多章節發現到的。此外，研究嗅覺更適合的提問及方法並不侷限於心理科學，還包括基礎生物學和化學。

一九九一年，一項突破性的發現宣告了**否認嗅覺研究具有科學正統性的年代已經結束**。這項發現不只讓嗅覺研究「合乎科學」，更讓嗅覺成為最熱門及最令人嚮往的研究領域之一。任職於哥倫比亞大學的琳達．巴克及理查．阿克塞爾在《細胞》（*Cell*）期刊發表一篇文章，並因此於**二〇〇四年**贏得諾貝爾生理暨醫學獎**7**，這是**諾貝爾獎首次頒給有關嗅覺的任何人或題材**。巴克及阿克塞爾發現，嗅覺受器約有一千種不同類型，每一類型受器對應不同基因。這代表鼻子裡有一千種不同類型的嗅覺受器（他們實驗的動物是小白鼠），可將空氣中的化學物質解讀成氣味，每一種受器皆由體內不同基因所代表。相形之下，視覺受器只有四種類型：桿狀受器構成黑白（夜間）視覺，而三種錐狀受器分別針對短波長、中波長及長波長的光線反應，構成彩色視覺f。

人類爲何有高達七成的嗅覺基因無作用？

巴克及阿克塞爾也發現，在包含一千個嗅覺受器基因的龐大家族中，存在許多偽基因（pseudogenes），即不再發揮功能的基因所殘留的去氧核醣核酸序列（DNA sequences）。狗的嗅覺受器基因共有約百分之十五的偽基因；小白鼠則是百分之二十。人類的嗅覺受器中，偽基因比例更是特別的高，約達百分之六十五。人體究竟有多少嗅覺基因確實具有功能，目前仍在爭論當中，但已知大抵介於三百至四百之間。即使我們有百分之六十至七十的嗅覺基因無法發揮作用，調節嗅覺的基因仍佔全身基因的百分之一，遠比任何其他身體部位或腦

f｜短波長對應紫色至藍色可見光，中波長對應綠色至黃色可見光，而長波長則對應橘色至紅色可見光。一項新發現，在視網膜找到一種感光性神經節受器細胞，可以調節晝夜節律。

部組織所佔的比例高。

直到不久之前仍無法瞭解，為何人類有這麼多不再發揮作用的嗅覺基因。但是二〇〇四年一月，以色列魏茲曼科學院（Weisman Institute）的研究人員提出了解答。尤夫・吉列德（Yoav Gilad）及其同事們觀察舊大陸靈長類，例如大猩猩和恆河猴，發現牠們有約百分之三十的嗅覺受器基因是偽基因，而新大陸靈長類，例如松鼠猴的偽基因比例就比較低，僅約百分之十八。新大陸靈長類的其中一個例外是吼猴，其嗅覺受器基因擁有約百分之三十的偽基因。結果發現，吼猴及舊大陸靈長類與我們有某項共同點，便是三色系（紅、綠、藍）的彩色視覺。其他缺乏三色系彩色視覺的哺乳動物，例如小白鼠及狗g，則擁有較少的嗅覺受器偽基因。

研究者的理論是，隨著全彩視覺的出現，我們不再需要用那麼敏銳的嗅覺偵測世界，因此在靈長類演化的過程中，基本上這兩種感官的重要性就互換了。當你能看得越清楚時，就越不急著去聞。包括人類在內的所有動物，不是擁有極佳的彩色視覺、就是擁有絕頂的嗅覺，但沒有任何動物兼得兩者。這要歸咎於人腦有限的容量，人腦的重量介於一千三百克至一千四百克之間，同時擁有嗅覺和視覺這兩種高度複雜的感官，會佔去太多腦容量，因此這些功能勢必要彼此競爭，看誰對存活比較有利。對我們古老的祖先而言，優良的視覺偵測力

g｜狗是紅綠色盲。

似乎比優良的嗅覺敏銳度利於存活，為了得到視覺的優勢，便侷限嗅覺做為彌補；因此，人類的嗅覺基因有較高比例的偽基因存在。

巴克及阿克塞爾關於嗅覺受器基因的突破性發現，在嗅覺分子生物學及嗅覺生化學領域引爆了一場研究熱潮。藉由這項有力的研究成果，如今我們對嗅覺的作用機轉擁有前所未有的理解。然而，**究竟化學分子如何被轉譯成可辨別的氣味，這個問題至今仍未完全明瞭**，尚需一套終極理論提供解答。

氣味分子與嗅覺受器的形狀理論

目前最確立的理論是形狀理論（shape theory），無論支持與否，討論嗅覺辨識機轉時最常引用這個理論。根據形狀理論，**氣味轉譯的關鍵因素是氣味分子與嗅覺受器兩者形狀的吻合**，如同鑰匙與鎖的關係。這個假說由耶魯大學的高登．雪柏德（Gordon Shepherd）及其同事於一九七〇年代發展出來，和羅馬哲學家盧克萊修（Lucretius）在古老時代所提出嗅覺與形狀有關的理論，顯然不謀而合。現代形狀理論主張**氣味分子具有不同形狀，嗅覺受器也具有不同形狀**；一個氣味能否被察覺，取決於特定分子如何被特定嗅覺受器辨識出來。根據最新的分子研究，氣味的察覺似乎藉由一組訊息傳遞方式完成。不同氣味活化嗅上皮中不同系列的嗅覺受器，讓嗅球內的神經細胞產生特定的神經脈衝型態。嗅球內這個特定型態的電活性，便決定我們之後察覺到的特定氣味。芒果的氣味與臭鼬的氣味，分別激發不同型態的神經脈衝。

嗅覺受器研究成果最近所衍生的驚人發現之一，就是氣味濃度的改變也會造成嗅覺受器傳遞訊息的方式改變。例如烘培奶油在低濃度下所激發的電脈衝組合，與高濃度下所激發的不同。這說明了為什麼你必須靠近麵包坊門口到某個程度以上，才能享受認出「可頌」氣味的歡欣時刻。氣味濃度與嗅覺受器所激發的電活性之間的關係，或許也能解釋狗異於人類的嗅覺本領。

狗能夠偵測的分子，並不必然是人類生理上無法聞到的；然而，狗能夠偵測的濃度遠低於人類，因此有辦法聞到對人類來說「不存在」的東西。如果人類那一千個基因所對應的嗅覺受器都能發揮功能，我們的嗅覺敏銳度會強烈到需要全神貫注的程度，我敢說人類的文化、文明，及對現實的體驗，將與現在截然不同。

儘管形狀理論受到越來越多支持，卻仍不被全然接受，因為這個理論還是沒有解答，化學物質是如何由鼻子中的細胞察覺，然後被腦部辨識出是可頌或奇異果。一項過去多次嶄露頭角的另類理論，認為我們對氣味的感知，是根據各種**氣味組成分子所具有的不同振動頻率**。

振動頻率相仿的氣味分子氣味相同嗎？

在錢德勒．布爾（Chandler Burr）近年來撰寫的《氣味皇帝》（*The Emperor of Scent*）中，所謂的氣味皇帝盧卡．杜林（Luca Turin）已捍衛了這個理論。振動理論（vibration theory）的核心概念是，由於原子結構不同，每種氣味分子都各自具有不同振動頻率，而擁有相同振動頻率的分子，就會產生相同的氣味。杜林提出，分子組成相仿而理論上振動頻率類似的化學物質，也會具有相似的氣味。例如，所有柑橘類氣味，都具有同一種振動頻率。但是獨立的研究人員檢測此理論時，卻沒有得到能支持這項主張的證據。支持振動理論的研究遠少於支持形狀理論的研究，因此當前的研究趨勢可能會影響我們對嗅覺不太全面的理解。然而，不同於形狀理論，振動理論無法說明許多嗅覺感知的難題，例如「特定嗅覺缺失症」，以及立體異構物（stereoisomers）產生不同氣味的事實。

立體異構物是兩個彼此鏡像旋轉的分子，雖然包含的原子完全相同，兩者的氣味卻可能天差地別。舉例來說，右旋香芹酮（d-carvone）聞起來像薄荷，而左旋香芹酮（l-carvone）聞起來卻像藏茴香。形狀理論對於這個現象的解釋是，由於旋轉的分子無法吻合同一受器，就像右手無法使用左手手套一樣，所以這兩個分子會活化不同受器，以致於產生不同氣味知覺。但是振動理論無法說明，既然立體異構物的振動頻率一致，為何聞起來的氣味卻互不相同。

另一個有利於形狀理論的證據，來自關於特定嗅覺缺失症的研究。特定嗅覺缺失症意謂，無法聞到特定一種化合物的氣味，除此之外嗅覺感知一切正常。特定嗅覺缺失症大部分是遺傳性的，並且針對固醇類麝香化合物，這類化學物質所產生的是動物性汗液氣味。最廣受研究的是無法聞到固醇類麝香雄烯酮(androstenone)的特定嗅覺缺失症，百分之五十的人口罹患這種特定嗅覺缺失症。然而，在剩下百分之五十可以聞到雄烯酮的人口當中，約一半的人描述這種氣味是芬芳的麝香花香味，另一半的人則形容那是令人不愉快的尿味。振動理論無法解釋，為什麼某些人感覺這種氣味像芬芳的花香味，某些人卻感覺像尿味，而甚至還有其他人根本聞不到這種氣味。反之，形狀理論可以解釋這些現象。形狀理論認為，特定嗅覺缺失症患者偵測雄烯酮的受器沒有功能，而雄烯酮在正常個體分別活化不同受器，導致某些人感受到花香味，其他人則感受到尿味。

就目前的研究趨勢來看，形狀理論具有較多的證據支持，對嗅覺難題的闡釋力也比較強。但是，**所有分子的確都會振動**，**所有受器也的確都是由會振動的原子構成**，振動理論所主張的並非百無一是。對於氣味分子與嗅覺受器之間振動性互動所扮演的角色，振動理論預留了發展空間。

鼻腔內的化學物質究竟如何轉譯成嗅球察覺的氣味，目前的理論仍然無法解答。除此之外更深奧的問題是，嗅球傳遞出的電活性型態，在腦部如何被歸納、處理、解讀，然後被你辨識出「可頌」，引發隨後歡欣鼓舞的情緒及心理動機，這一切仍不得而知。我們認為某種氣味是什麼，這氣味和語言及思想如何聯結，對我們代表什麼意義，使我們產生什麼感覺，又讓我們想起什麼事物。這就是我們對氣味的感知（perception），而這一切如錯綜複雜的花式舞蹈般互相影響。**氣味知覺發生於鼻子及嗅球**這樣的層次，而**嗅覺感知出自於心智**，在這個更深入的層次上，我們個人對氣味的體驗才是決定因素。

第2章

氣味偏好大不同

As you like it

玫瑰不叫玫瑰，便不再芬芳如昔。

——莎士比亞（William Shakespeare）

天生就有「命中注定」的氣味喜好？

七歲時我們舉家遷居蒙特婁。那次搬家對我來說十分難熬，因為旅途輾轉行經好幾個國家，期間也充分體會孩童殘酷的排外行徑。由於即將於蒙特婁定居，我渴望打入同學的圈子，然而對友誼的期望越大，受到的排擠也就越強。在蒙特婁度過的第一年，可說是寂寞又沮喪的。搬完家頭幾個月的某天下午，一位推銷員上門兜售某樣新品牌的美髮用品。當時母親的反應令我相當吃驚，她居然買了那些洗髮精及潤絲精，平常的她根本不可能接受挨家挨戶推銷的商品。我還記得品牌名稱是「海藍寶石」，其他細節已模糊不清，但母親那次的購買改變了我的人生，接下來的體驗更是刻畫在記憶裡無法忘懷。

當天晚上我便央求試用那些新玩意，那閃亮別緻的瓶身令人著迷，叫我忍不住嘗試，試圖為生活增添一些快樂及特別的體驗。我將半透明藍綠色澤的洗髮精擠到手中，然後在頭髮上搓揉出一堆綿密柔細的泡沫，不過印象最深刻的還是泡泡所飄出的精緻香氣。有生以來第一次聞到這樣的氣味，似松木般芬芳、清爽又神祕，對我來說簡直是世界上最完美的香氣。我置身父母的淋浴間，這個唯有特殊情況，父母才容許我使用的空間，伴隨絕妙新奇氣味的洗髮初體驗，連月來的陰霾一掃而空，讓我雀躍無比。我並不認為父母對「海藍寶石」有和我相同的深刻印象，因為那些瓶子在淋浴間待了將近一年才被用完。這期間每隔一陣子我就會請求使用它們，以便重溫那令人留連忘返的芳香體驗。同時我也學會，在學校經歷整天的不愉快後，只要打開其中一個瓶蓋，聞聞那完美的香氣，就能忘卻一切沮喪。最後一滴芬芳的液體都耗盡之後，我不時纏著母親，希望她再次購買這款特別的美髮用品，只是再也沒有任何推銷員來訪，也不曾在任何商店找到它們的蹤影。那一瓶瓶洗髮精及潤絲精是我當時唯一的愉快體驗，儘管之後幾年不斷尋尋覓覓，希望卻總是落空。然而，自從初次體驗「海藍寶石」之後，只要聞到任何物品具有類似的香氣，我就會立刻愛上，並且想辦法購買或找機會使用。

我在本書的序言曾坦承，另一個我也相當喜愛的氣味來自臭鼬。雖然不會選擇具有這種氣味的洗髮精，然而只要置身鄉野，微風中夾帶著的臭鼬氣味讓我好不愜意。比起熱愛洗髮精的氣味，這項偏好實在太不尋常，但許多人偷偷向我招認，其實他們與我臭味相投。然而我並非喜愛所有氣味，像木餾油這類鋪柏油路時所散發的氣味，就讓我覺得極端難聞。

何以我那麼喜歡某些特定氣味，卻厭惡其他氣味？那你呢？何以你那麼喜歡某些特定氣味，卻厭惡其他氣味？我們生來就喜歡或厭惡某種氣味嗎？還是另有機轉形成我們的氣味偏好？一般認為人類與生俱來的一套內建體質，使我們喜歡或厭惡某種氣味，不過這個假設從未經過科學證實。此推測主要是根據我們對味道的天生反應，尤其是對甜味及苦味。因此便依樣畫葫蘆地認為氣味偏好也是如此，這個似是而非的見解，又因嗅覺與味覺間模糊不清的分野而更加強化。人類生來就被賦予一整套氣味偏好，例如玫瑰的氣味好聞，而臭鼬的氣味難聞……對此觀點我並不苟同，我反而深信氣味偏好都經由學習而來。現在，請容許我說服你。

「氣味胎教」對口味養成的影響力

若想證明對氣味的愛好及厭惡是與生俱來的，最佳實驗對象就是嬰兒，由於還沒有機會學習什麼氣味，他們才有可能自然地表現出天生的反應。許多調查新生兒氣味偏好的研究人員發現，嬰兒與成人對相同氣味的反應並不一致。比方說，嬰兒喜歡糞便的氣味，對成人明顯認為難聞或好聞的氣味（前者例如腐臭乳酪，後者例如香蕉）卻一視同仁。事實上，**兒童的氣味偏好要到約莫八歲時，才會與身處同樣文化背景的成人類似**。沒有任何資料足以證明嬰兒對氣味的反應是天生可預料的，反而有大量證據顯示，嬰兒及幼童喜歡的氣味取決於經驗；換句話說，即取決於學習，而這種學習甚至早在出生之前就已萌芽。

五個感官當中，最早發展的便是嗅覺。其實，子宮內十二週大的胚胎，就已具備完整的嗅覺功能。這與視覺系統產生強烈對比，因為後者在我們出生好幾年後才全然成熟。受精後僅三個月的胚胎已具備完整嗅覺功能的事實，意味人類早在出生之前便能開始學習氣味，我們的確有這個能耐。在出生前這段時期，母親所攝取的物質，決定了胎兒得以接觸的各種氣味分子。環繞在胎兒周圍的羊水，由母親及胎兒體內的成分共同組成。因此，母親所攝取的東西就成為羊水中的化學物質，無論其中有何氣味分子，都能被她成長中的寶寶察覺。

好幾項研究已證明，母親於懷孕期間攝取的物質，會影響寶寶呱呱落地後的味道偏好[a]。長期研究味道偏好發展的茱莉·曼紐拉(Julie Mennella)，及她在費城莫乃爾化學感官中心的同事們，比較懷孕期間吃大蒜、喝酒或吸菸的母親所產下的嬰兒，與懷孕期間沒有攝取這些物質的母親所產下的嬰兒，發現前者比後者對大蒜、酒及菸的味道有較強的偏好。香草經常被認為是全世界最受歡迎的味道，然而對這些嬰兒來說，香草甚至不敵大蒜、酒及菸。除了懷孕以外，哺乳也能經由類似方式影響味道偏好的發展，包括對健康食物的偏好。茱莉發現，母親在哺乳期間喝胡蘿蔔汁與否，會影響寶寶之後接觸嬰兒食品時對胡蘿蔔口味的偏好，喝胡蘿蔔汁的母親所哺乳的寶寶，會偏愛胡蘿蔔口味的嬰兒食品，反之則否。[1]這暗示了如果希望寶寶愛吃肝臟及菠菜，母親可以在懷

a｜味道是基本味覺（鹹位、酸味、甜味、苦味）加上嗅覺的組合，並且大部分取決於嗅覺。詳情請參閱第 7 章。

孕和哺乳時多多攝取肝臟及菠菜。這些早期養成的味道偏好，還能一路持續至成年，對我們的飲食傾向具有長遠且微妙的影響。

就荷蘭的氣味研究人員柯斯妥（E. P. Kster）所知，德國針對兒童設計的配方奶用的是香草口味，而且這項產品已被使用了好幾十年。為瞭解香草口味的早期體驗如何影響往後的味道偏好，柯斯妥於一九九〇年代後期進行了一項巧妙的試驗。他和同事們在德國法蘭克福的商品展覽會中設立攤位，供應兩種番茄醬樣品：一種是普通的番茄醬，另一種則佐以香草口味。共一百三十三位三十歲左右的男女，前來品嚐這兩種風味的番茄醬。在他們剛進入攤位時，柯斯妥的團隊發給每個人一份問卷，調查品嚐者在嬰兒時期是以配方奶還是母奶餵食長大。柯斯妥發現，相較於喝母奶長大的人，喝配方奶長大的人對香草口味番茄醬的偏好程度格外明顯。2這是在幫漢斯（Heinz）牌番茄醬打什麼主意嗎？試想，若香料公司知道我們所有的早期味道體驗，能利用來發展的將是無限商機。

世界公認「令人厭惡的氣味」真的存在？

我認為兒童對氣味的反應是學習而來，並且各自不同。對此論點你或許同意但仍然質疑，難道成人對「非常難聞的氣味」所產生的反應也經由後天習得？怎麼會有任何人覺得腐爛屍體的氣味是可以接受的？但其實，世界各地的成人對於哪些氣味好聞、哪些氣味難聞，根本沒有取得共識，即使是腐爛屍體所發出的惡臭。文化說明了這個現象的形成機轉及原理，而文化所傳達的正是另一種形式的學習。

俗話說：甲之熊掌，乙之砒霜，這句諺語源自對現實的敏銳觀察。亞洲人認為乳酪的氣味令人作嘔，歐美人卻將乳酪視為佳餚，甚至是讓人愛不釋手的珍饈。相反地，對於日本人熱愛的早餐食品「納豆」（一種由發酵黃豆製成的菜餚），北美洲人甚至連嘗試的勇氣都沒有。我覺得納豆聞起來就像燃燒橡膠的氣味，儘管不至於太難聞，但任何情況下我都不可能將這種氣味與食物聯想在一起。榴槤這種水果遍佈東南亞地區，是當地的美食之一，然而歐美人卻對這種氣味深惡至極。在《感官之旅》裡，黛安·艾克曼形容榴槤的氣味介於「下水道與墳墓」[3]之間，是十足令人倒盡胃口的組合，但每天仍有上千人喜愛並大啖榴槤。如果你覺得之前我所舉的氣味範例沒那麼糟，應該有真正可怕的惡臭足以讓人們達成共識，那麼在大多數北美洲人的最佳氣味排行榜上，糞味從來就不曾名列前茅，但馬塞族人（Masai）喜歡用牛糞梳理頭髮，做為美化髮色的裝飾，這令美軍大吃一驚，這樣一來想利用牛糞來研發比催淚瓦斯更安全更普世通用的「臭氣彈」，就不可能實現了。一項由美軍進行的研究發現，在他們測試的所有氣味中，沒有任何一種氣味能讓各個族群毫無異議地公認難聞，即使「美軍出產的公廁氣味」也不例外b。

「必然存在某種氣味讓人天生厭惡」的假定，又提出腐肉做為另一例證，然而，這再次被歷史文化駁倒。歐洲在尚未發明冷藏技術之前，經常販售腐壞的肉和魚。儘管當時有許多食譜提供掩蓋腐臭味的辦法，但也許是這種肉過於普遍、也許是沒有粉飾臭味的必要，總之根據歷史記載，許多人其實偏愛腐臭的肉，是因為上菜時散發的氣味帶來強烈「快感」，更加凸顯肉質的美味及豐富營養。

那麼到底為什麼我會喜歡臭鼬的氣味，亞洲人會直截了當謝絕羊乳乾酪，而有人會覺得腐肉及人類排泄物的氣味是可以接受的？另外，情緒在其中扮演的角色為何？嗅覺心理學之父特里格・恩根（Trygg Engen）率先提出理論，主張在體驗一種氣味之前，氣味本身對你而言毫無意義，宛如一張白紙；一旦體驗過後，察覺氣味當時的背景（地點、情境、人、事件），最重要的是在此背景下的情緒感受，都會依附到氣味上，氣味從此便擁有情緒意涵，成為讓你喜愛或厭惡的氣味。咖啡氣味之所以討人喜歡又能激勵精神，是因為喝咖啡當下的生理反應及情緒感受已依附到咖啡所散發的氣味上。關於我們如何養成對氣味

b｜莫乃爾化學感官中心的潘蜜拉．戴爾頓（Pamela Dalton）進行關於臭氣彈的一項調查，發現若將一堆「有害氣味」與陌生氣味混合在一起，會比單獨一種氣味容易得到一致的厭惡感。戴爾頓推論：適應一堆氣味比適應單獨一種氣味困難，若混合氣味中至少含有一種氣味對起碼一小群人而言是不熟悉的，就有可能聞起來陌生，而比較容易遭到厭惡。關鍵點是，陌生的氣味更容易讓人厭惡，而非喜愛。

的愉悅反應的這個理論，稱為氣味聯結學習。

散發香草味的醫院還會讓人焦慮嗎？

以下是氣味聯結學習如何發揮作用的典型例子。假設你必須經歷一個不愉快的、令人焦慮的事件，例如在醫院接受手術治療。打從出生以來這是你第一次來到醫院，進入醫院大門那一刻，你注意到一股特殊及新奇的氣味。初次接觸的新奇感，在氣味偏好的發展上特別重要，因為要是早就熟悉一種氣味，便已經擁有關於這個氣味的聯結了。新奇感的議題也交代了為何氣味偏好似乎大部分來自童年，因為這個時期的感官體驗幾乎都是新鮮的。當在生命中任何時刻初次接觸一種氣味時，就會發生與情緒相關的氣味聯結學習，進而決定我們對該氣味的愉悅反應。

四十多年前美國的「醫院氣味」通常由制式消毒劑、藥物、體味及酒精混合而成。「醫院氣味」就算不是一模一樣，也能引起跨越時空的相同情緒，只要你拜訪醫院前對這種氣味完全陌生。癥結在於，儘管這種氣味本質上沒有所謂好或壞，但在第一次有意識地體驗這種氣味時，當下的背景是不好的，那原本毫無意義的氣味就附著上當時的負面情緒。

「醫院氣味」開始與醫院裡的感受結合，透過情緒上的聯結，「醫院氣味」便獲得令人不愉快的情緒意涵。下次當你再度聞到這種氣味，腦中便重新浮現對醫院的反感。既然最有可能聞到這種氣味的場合是醫院，醫院又最有可能發生負面事件，便再度強化這個令人不悅的氣味聯結。

醫院管理者深知醫院氣味普遍予人嫌惡感，為了能夠消弭這類觀感，目前某些醫院採取的策略是，使用具有人們熟悉且「討人喜歡的」氣味的清潔劑及除臭劑，希望能革除依附在醫院氣味上的不良觀感。這個構想的高明之處在於，氣味一旦經過學習便已產生最初聯結，想要形成新聯結就相當困難。嗅覺在所有感官當中十分獨特的一點就是，最初的聯結一旦建立，便會干擾之後新聯結的形成。由此可知，香草氣味很難與「手術焦慮」聯結，也不可能引起「手術焦慮」的情緒。

用氣味聯結學習理論來解析喜歡或討厭

氣味聯結學習的中心概念為，初次邂逅某種特定氣味時的情緒感受，會決定將來察覺這種氣味時的愉悅反應。我們喜愛的氣味，是我們處於快樂情境下所初次接觸的氣味，或是與某件愉快的事情有關的氣味；相反地，我們厭惡的氣味，是我們處於負面情緒狀態下所初次接觸的氣味，或是與某件不愉快的事情有關的氣味。要說明情緒如何隱藏在氣味偏好中，最貼切的範例也許是一位年輕女性告訴我的故事，她曾解釋自己**之所以嫌惡玫瑰氣味，是因爲第一次聞到玫瑰的場景爲母親的喪禮**。

我們可以利用喜愛大蒜的寶寶進一步剖析這個過程。這些寶寶的母親在懷著他們或哺乳的時候食用許多大蒜，因此他們初次體驗大蒜氣味的情境有媽咪及食物在場。食物具有不可或缺的重要性，媽咪也是如此，媽咪本身就代表愛、保護、情感及滋養。因此，任何與媽咪聯結的氣味，便成為好聞的氣味。這些早期母性體驗，也說明了為何香草時常被視為風靡全球的經典氣味。此外，香草這種揮發性香料，除了是許多配方奶的成分之一，也是人類母乳的成分之一，這件事實再次說明香草貴為氣味萬人迷的原因。

母親能透過飲食影響新生兒味道偏好的事實，也意謂對於食物及氣味反應的文化差異，早在出生之前就開始扎根。**飲食富含香料的文化，會孕育出想在香蕉泥上淋咖哩的寶寶**，而飲食相對上較清淡的文化，會孕育出對調味食品退卻的寶寶。

那麼，我對「海藍寶石」、臭鼬及木餾油的反應從何而來？且讓我用氣味聯結學習理論來作解析。能夠使用父母的豪華淋浴間及新奇別緻的洗髮精，為我帶來前所未有的樂趣，這一切「特殊性」顯然引導我愛上海藍寶石的氣味。尤其，能夠脫離那段時期籠罩我的陰霾，讓這份幸福感更顯得彌足珍貴。同樣地，在那美好的夏日午後，當聽見母親在車上歡呼「我愛這個氣味！」時，對母親的情感及田園風情便與那特定氣味形成聯結，於是乎我也愛上了臭鼬的氣味。相對的，木餾油之所以讓我覺得極端難聞，是因為另一次全家出遊，當困在車陣中的我感到十分反胃及悶熱時，柏油卻在那時鋪了起來，噁心感與木餾油氣味之間的聯結馬上形成。如果初次接觸木餾油及臭鼬的場景互換，我肯定會愛上木餾油的氣味，而對臭鼬的氣味感到噁心。

氣味體驗的歷史背景與文化差異

想像焚燒樹葉的氣味（對於成長歷程中沒有這種體驗的讀者，我誠心致上歉意）。許多人對焚燒樹葉的氣味情有獨鍾，以至於克里斯多夫·布魯休斯（Christopher Brosius）應消費者要求，調製了「焚葉」（Burning Leaves）[c]這款香水。這位特立獨行的香水師，成立狄蜜特香氛（Demeter Fragrances）品牌，以自然主義及與眾不同的香水創作而著名，「泥土」（Dirt）也是其中一款。事實上，焚燒樹葉真正的氣味充滿有害毒素及汙染物，這也是為什麼現今美國

c｜後來狄蜜特香氛的焚葉香水改名爲「營火」（Bonfire）

大多數的州都立法禁止這種行為。怎麼會有這麼多人喜歡如此有害健康的氣味呢？答案就在你的過去。試著回想童年第一次和這個氣味的邂逅，來理解你為何喜歡它。這氣味或許與萬聖節的嬉戲有關；或許暗示著感恩時節的家族歡慶及山珍海味；或許和你與父母或祖父母共度的寶貴時光有關；又或許只是某個無憂無慮的午後，天氣轉為涼爽，七彩陽光穿過樹枝灑落，而背景氣味正是這種氣味。我猜中了嗎？

由於目前焚燒樹葉在大部分美國的州是違法的，如今在美國成長的孩子不可能有機會接觸這種氣味，就算他們真的聞到了，大概也只知道焚燒樹葉會散發有害的化學物質，因此覺得這個氣味「不好聞」。假如快轉到二十年後，未來孩子們會喜歡還是厭惡？他們還知道那是什麼嗎？二十年後還會有任何人想要狄蜜特香氛的焚葉香水嗎？

除了自身的體驗學習，我們也在所謂「文化」中習得各式各樣的喜好。此外，文化間的差距不見得非常大，也能產生截然不同的氣味偏好。想想英國與美國吧！倫敦《泰晤士報》（*The Times of London*）於二〇〇四年一月發表的超級市場問卷調查顯示，**英國的十大最愛氣味排行榜爲：新鮮麵包、煎培根、咖啡、熨衣服、割草、嬰兒、海洋、聖誕樹、香水及炸魚薯條**。美國人也許贊同英國排行榜上的某些氣味，但我敢保證，英國人絕不可能贊同美國的十大最愛氣味。

冬青薄荷是美國人最愛的氣味之一，卻讓英國人極端厭惡。

為何美國人喜歡冬青糖的氣味，英國人卻不？一九六〇年代中期在英國進行的一項研究，要求成年受試者根據喜愛程度評比一連串常見氣味。[4]類似的研究也在一九七〇年代晚期的美國進行。[5]兩項研究都有包括水楊酸甲酯（methyl salicylate），也就是冬青的氣味。英國的研究顯示，冬青是諸多氣味樣品中評價最低的其中之一；然而根據美國的研究，冬青卻在所有氣味樣品中評價居冠。何以使用同樣語言的兩個文化，在氣味偏好上的表現會如此懸殊？答案就在歷史中。冬青氣味在英國添加於許多藥劑，尤其是二次大戰期間一種廣受愛用的局部止痛藥膏，這對一九六六年研究進行當時的受試者而言堪稱經典。相反地，美國幾乎只能從糖果及口香糖找到冬青的氣味，這些零食甜美而愉快的體驗，便賦予冬青氣味全然不同的意義。**英國人不喜歡冬青，是因爲那喚起與藥劑和戰時有關的感受；美國人喜歡冬青，則是因爲那帶來與甜食及糖果有關的感覺。**

氣味體驗的文化差異也說明，為何全球通用的臭氣彈至今尚未尋得合適氣味。想像若生活在缺乏現代污水處理系統的文化裡，你可能會非常熟悉「美軍出產的公廁氣味」，畢竟這代表的不過是日常生活，就像無所不在的汽油味。實際上，這種「無所不在」正是北京錯失二〇〇四年奧林匹克運動會主辦權的原因。當一九九三年北京正在爭取奧運主辦權時，中國只有百分之三十的民宅擁有私人廁所，公共茅坑才是常態。然而這些公共茅坑可不像我們公園裡設置的那種公用盥洗室，而是地上挖的幾個洞，彼此沒有隔間、沒有屋頂遮蔽、也沒有自來水供應，僅單純用一面牆圍起來。想當然爾，這種無所不在的公共茅坑，導致北京城的空氣瀰漫著無比濃厚的排泄物氣味；試想在炎炎夏日，那會演變成什麼狀況？爭取主辦權失敗後，中國政府理解到改善公共茅坑的必要性，因此開始花費納稅人的錢來興建現代廁所。出乎意料的是，許多人民抱怨，他們的錢用在其他任何地方都遠比用來蓋現代廁所的好。換言之，一般中國老百姓一點都不在乎排泄物的惡臭，更不用說缺乏個人隱私了。當然，老百姓的強烈抗議未被政府採納，截至二〇〇四年，許多公共茅坑被消滅殆盡，同時已有百分之八十的民宅具備私人廁所。中國政府甚至鄭重宣示，二〇〇八年北京奧運開辦時，任何人在北京城內只要花不超過八分鐘腳程，就能找到一個備有自來水沖洗的廁所。

再來個更恐怖的例子，焚化屍體的氣味。這是大多數歐美人不敢想像會有人喜歡的氣味。但假如在你生活的國度裡，公開露天火葬是安葬死者的典型儀式，例如像印度？在這樣的狀況下，焚屍氣味將是令人熟悉的，如同前述，氣味熟悉度與氣味接受度密切相關。此外，許多火葬儀式常伴隨著慶典，如愛爾蘭的守靈儀式，若這正是你的經歷，則慶典的歡樂心情將會依附在焚屍氣味上，於是你便學會喜歡這種氣味。

你的「知覺詞典」中備存的文化記憶

相反地，若除去個人經歷或文化養成，就有機會一探人們對氣味的「自然」反應。最近我剛好有機會用這樣的角度，觀察我備受爭議的最愛氣味——臭鼬。幾年前的暑假，幾位從未聞過臭鼬的瑞典同事來羅德島拜訪我，當我們漫步在街道上，一隻臭鼬宣告了牠的存在。雖然每個人的喜愛程度各不相同，但沒有任何一位瑞典訪客覺得那氣味令人不悅。臭鼬並非歐洲原產的動物，所以來自此區域的人自然不覺得其氣味有何不妥，除非事先經過警告。

你也許納悶，某種動物用來驅逐其他肉食動物的「難聞」的天生防禦氣味，怎麼不會也讓我們避之唯恐不及？原因是，臭鼬的天敵天生就設定要躲避這種氣味，但人類並非臭鼬的天敵呀！**動物是否天生就內建氣味反應，取決於其生態棲息地**。人類屬於「泛食性動物」，可以成功利用地球上任何棲息地，也因此必須學會分辨事物的好壞。一個情境的「毒菇」氣味，在另一個情境也許是「營養食物」的氣味。然而「專食性動物」只在特定已知的生態環境存活，生來就知道什麼氣味該靠近、什麼氣味該躲避，這將於下文詳述。臭鼬及其天敵都屬於專食性動物，為了求取生存，臭鼬演化出一種氣味濃烈的噴霧以嚇唬潛在敵人。事實上，臭鼬噴霧的某種特質也會讓人類不由得閃避，但必須靠近臭鼬到幾乎面對面的程度才有如此效果。臭鼬噴霧含有的化學物質，會刺激我們臉上的痛覺系統。你的眼睛若遭受臭鼬噴霧襲擊，會產生灼熱感驅使你逃離現場，但這並非因為氣味本身。

我的實驗室曾直接檢測氣味聯結學習理論。在一項最近的研究中，我們將幾種陌生氣味與一種好的或壞的情緒經驗配對：挑戰困難的電腦遊戲而輸光代幣，或玩有趣的電腦遊戲並贏得真鈔。我們比較人們在情緒聯結前後對氣味的評價，電腦遊戲體驗跟真實人生的艱險根本沒得比，但我們卻發現，與令人惱怒的困難電腦遊戲配對後，人們對氣味的厭惡感比一開始尚未配對時更強；然而與贏得獎金的電腦遊戲配對後，人們變得更喜歡那氣味。6另一項研究檢測氣味所引起的生理反應，研究人員發現，曾在牙醫診所有過糟糕經歷的受試者，對於丁香油酚（eugenol）這種牙科補牙所散發的「丁香」氣味，給予較負面的評價，他們的自律神經系統更產生了冒汗及心跳加速等恐懼反應；然而，無蛀牙的受試者並未出現這些反應。7對心有餘悸的受試者而言，牙醫診所的驚魂鑽孔與恰巧在場的氣味聯結在一起，以致於從此以後丁香油酚本身便足以引發恐懼反應。不曾有過疼痛補牙經驗的受試者，由於缺乏負面情緒聯結，丁香油酚對他們來說只不過是中性的，毫無意義的氣味。

還是半信半疑嗎？你也許會想，對於那些從來不曾在激烈情緒下接觸的氣味，甚至是從未聞過的氣味，怎麼自己還是有喜愛或厭惡的反應呢？「學習」仍然可以解釋這些反應，在此所指的是，透過社會交流及文化常模所進行的學習。即使尚未實地接觸，身處的文化對一切事物所界定的優劣，都已汲取到你的知覺詞典中，留待未來運用。這就是為什麼，連一小片乳酪都未曾嚐過的亞洲人，照樣深信乳酪難聞。我們也在文化傳承潛移默化的影響下，學習到安全及健康的基本規範。難道非得困在燃燒的房子內，才能學會煙燻味代表火災嗎？知道煙霧警示著危險就已足夠。

氣味算數

法蘭西斯．高登男爵（Sir Francis Galton, 1822-1911）是在眾多領域擁有卓越成就的英國知識份子，也是達爾文（Charles Darwin）的半親表兄弟。他曾決定進行一個小實驗，訓練自己做「氣味算數」。高登將特定氣味量化成特定數字以做運算，比方：兩股薄荷的氣味等於一股樟腦的氣味。他聲稱能相當靈活地對這些想像中的氣味進行加減運算，不過乘法就太困難了！

三叉神經的溫度覺、觸覺及痛覺

儘管所有證據都支持氣味聯結學習理論，然而是否真有某些氣味能夠激發天生反應，如同小說《香水》(*Perfume*) 8主角葛奴乙所創造，像魔法般引誘萬物的香水？能完全排除這種可能性的研究，目前依然闕如。可見，**嗅覺反應乃經學習而成的理論並非顚撲不破的眞理**。況且，透過聯結學習影響氣味產生愉悅反應的，還有另外兩個生理因素：三叉神經刺激及基因變異。與三叉神經刺激有關的事實是，幾乎所有氣味都會讓三叉神經產生某種感覺，就像嗅覺一樣。舉例而言，薄荷產生冰涼感，而阿摩尼亞產生灼熱感，這些感覺是由三叉神經系統分布於臉和鼻子的溫度覺、觸覺及痛覺神經纖維所形成。各種氣味刺激三叉神經系統的程度不盡相同，某些氣味僅產生非常溫和的刺激，有時甚至無法察覺，例如玫瑰花香氣；但某些氣味則可能劇烈到讓人欲哭無淚，例如灑在臉上的臭鼬噴霧。**切洋蔥時之所以落淚，正是因爲洋蔥刺激了三叉神經**，這和臭鼬噴霧靠近眼睛時令人立即閃避的道理相同。三叉神經系統不只跟吸入胡椒粉時打噴嚏有關、跟吃墨西哥超級辣椒時嘴唇灼熱有關，甚至還跟偏頭痛時難忍的劇痛有關。由阿摩尼亞及尤加利精油構成的「嗅鹽」，對三叉神經會造成強烈刺激。所以，將人們從暈厥中喚醒的，其實是阿摩尼亞及尤加利對三叉神經的刺激。

刺激三叉神經的氣味除了引起嗅覺外，也激發痛覺產生立即的躲避反應，看起來就像馬上厭惡氣味一樣。這個厭惡及退縮反應，本是由於化學物質造成的疼痛，卻因此與其散發的氣味聯結了。也就是說臭鼬噴霧「氣味」不會讓人疼，但它刺激三叉神經的化學物質則會。由於許多有毒物質會激發強烈的三叉神經反應，人類因此發展出遇到三叉神經刺激便立即躲避的習性。要是能將阿摩尼亞等化學物質刺激三叉神經的成分去除，再觀察對其氣味的愛好是否可能改變，將是個精采絕倫的實驗。

影響氣味偏好的另一個因素，就是基因組成在個體間的變異。每個人對應嗅覺受器的基因都具有個別變異性，各自發揮作用的嗅覺受器很可能有所不同。我們也知道，某些人罹患「特定嗅覺缺失症」，即是無法聞到特定某種氣味，除此之外嗅覺功能完全正常。由於每個人的嗅覺受器不盡相同，生物性因素（先天的因素）可能對嗅覺感知有所影響。人們之所以喜歡臭鼬的氣味，或許部分是因為他們缺乏某些受器，無法察覺臭鼬氣味中較為刺激的揮發性成分。又或許是，他們的某些受器具有不同功能，產生的嗅覺體驗異於那些堅持臭鼬氣味難聞是毋庸置疑的人。莫乃爾化學感官中心的查克·維索奇（Chuck Wysocki）發現了可以證明這項推測的事實：同卵雙胞胎總是對芫荽葉（香菜）氣味產生相同的立即反應，無論是喜愛還是憎惡；而異卵雙胞胎則沒有這樣的默契。不過這項發現所能證明的仍然有限，因為我們無從瞭解雙胞胎過去接觸芫荽葉的經歷。一般來說，同卵雙胞胎比異卵雙胞胎擁有更多共同經歷、承受的環境影響力也較相似，因此比較可能有相同的芫荽葉體驗，例如大啖一頓墨西哥料理之後鬧腹痛，但這個現象的根本原因仍是學習。除此之外，**目前尚無證據顯示基因變異能否影響嗅覺**，抑或如何影響嗅覺。

大腦隨時在聯結氣味意涵以利於活下去

關於強烈的氣味偏好，聯結學習理論是最佳解釋模式。但為何人類的氣味反應經由後天習得，而非與生俱來呢？若從演化的觀點來看，是否具有特殊意義？換句話說，這對物種的延續有何助益？

如前面提過的，專食性物種生存於限定及特定的棲息地內，只吃某些種類的食物，同時是棲息地內一小群肉食動物捕食的對象。最極端的例子是貓熊，竹葉是牠唯一的食物。從演化的觀點來看，專食性物種唯有針對特定氣味內建天生反應，才有利於生存。萬一貓熊不曉得能下肚的只有竹葉，就可能因為誤食其他東西而喪命。許多關於動物行為的研究，已證明專食性物種具有靠近或躲避的行為模式。舉例而言，不管是實驗室飼養或野生的黃鼠，對其天敵響尾蛇都表現出明確的防禦反應，對牛蛇則否。兩種蛇之間細微的氣味差異，就是黃鼠據以區別的線索。實驗黃鼠及野生黃鼠不約而同地出現這種特殊行為，顯示牠們的嗅覺反應是與生俱來的。

相較於專食性動物，人類、老鼠及蟑螂乃地球上最傑出的泛食性動物，能從容生存於任何棲息地。假如我們認定惟有散發魚腥味才代表食物，就永遠無法在遼闊的熱帶草原存活。因此，接觸一種特定氣味來源時，學習如何適當回應，而非根據預設模式應付，對泛食性動物而言才有利於生存。特別是氣味與食物或天敵之間的關係可能不時異動，因此學會隨機應變相當重要。從演化的角度切入，與生俱來針對獵物及天敵的固定嗅覺反應，有利專食性動物生存；但人類等泛食性動物，若根據內建嗅覺反應將氣味死板地劃分為食物或毒物、友人或敵人，反而不利於生存。相反地，**人類應該具備的天賦，是能根據經驗迅速並輕易地學會區分代表好東西與壞東西的氣味**。

關於為了有利生存而特別迅速地學習氣味，最佳現成範例就是味覺嫌惡（taste aversions）。吃某種食物後鬧腹痛的經驗，只要有過一次之後，就會讓你忌諱這種致病食物很長一段時間，尤其針對它的氣味。這種狀況是否似曾相識，或許你也有類似的經歷？以下則是我的故事。

約莫九歲左右，有一天傍晚父母準備外出赴宴，所以特准哥哥與我晚餐享用披薩。父母幫我們選擇了義大利辣味香腸口味。我從來沒嚐過這口味，只知道是班上同學的最愛，因此熱切期盼外送到來。門鈴響後沒過幾分鐘，哥哥與我喜孜孜地狼吞虎嚥了整塊披薩。當天稍晚，我的胃開始絞痛，接著是上吐下瀉伴隨發燒，症狀還持續了好幾天（哥哥倒安然無恙）。儘管充分理解腸胃型流行性感冒的診斷說明披薩並非罪魁禍首，但好一陣子我都不敢靠近任何有義大利辣味香腸披薩的地方。甚至許多年後，那種披薩的氣味還是讓我不由得奪門而出。即使現在，當一小片義大利辣味香腸披薩擺在眼前，我發現自己仍會莫名其妙地抗拒。其他披薩從未讓我產生這種警戒感；事實上，烤雞披薩是我最愛的美食之一。

理智上也許瞭解並非特定某種食物讓人生病，但因為出現的時間點不謀而合，食物與生病便聯結在一起，導致避免這種食物的本能反應；此現象在腸胃疾病特別明顯。如此忽視理智判斷的「不理性」，淵源自遠古時代。對於我們的老祖先來說，在一頓蘑菇大餐之後，因誤食毒菇而嘔吐的機率，大於不巧罹患腸胃型流行性感冒的機率。沒有人會想要重蹈覆轍，因此必須迅速學會對那種氣味的蘑菇敬而遠之！

然而人類等泛食性動物，對義大利辣味香腸或蘑菇的氣味本身，並未預設任何意義；與快樂或痛苦事件的聯結，才是真正決定這些氣味往後被解讀為好聞或難聞的關鍵。不預設喜愛或厭惡任何特定氣味，而是根據經驗非常迅速且輕易地將氣味與好事物或壞事物聯結，這樣的嗅覺系統對人類這種泛食性動物而言，才是有利演化的。

神經解剖構造也證明，人類的嗅覺是如何天賦異稟地隨時待命，以建立氣味與情緒意涵之間的聯結。由嗅覺結構及邊緣結構組成的皮質（piriform cortex），在腦部除負責處理嗅覺外，也負責分派事物正面或負面價值。另外，與處理嗅覺直接相關的杏仁核，對情緒聯結學習更是舉足輕重。一項研究發現，關於大白鼠這個同樣非常優秀的泛食性動物，一旦切除杏仁核便失去嗅覺學習能力。沒有了杏仁核，大白鼠便無法學會分辨營養的檸檬飲料與有毒的草莓飲料。

假如人類對氣味有任何天生反應，那就是警戒反應了。當暴露於陌生氣味時，嬰兒和幼童都會露出侷促不安的表情，不管這些氣味對身旁的成人而言是否屬於令人愉快的氣味。如此小心翼翼地處理不確定事物，是有利生存的。若缺乏對陌生事物的天生警戒反應，人類勢必無法存活至今。我們之所以喜歡或厭惡環境裡的各種氣味，是由於與氣味相關的個人經歷及歷史文化，然而我們因此賦予這些氣味的特徵及意涵，又強化了氣味偏好。**無物難聞，一切皆思想使然**。

紅色的波爾多白酒騙過了紅酒專家

透過學習，我們得以認識氣味的好壞，但這並非影響嗅覺的唯一因素。除了三叉神經刺激及個體基因組成可能介入之外，或許你已猜想到，心理因素也在其中扮演一定的角色。單純因為**心情的好壞，便能影響對氣味的喜好程度**。如果心情好，即使消毒酒精等中性氣味d，聞起來也比心情差時香。這個例子又再次說明，情緒與嗅覺之間的根本相關性及密切互動。

個性傾向會修飾我們對所有感官刺激的反應，當然嗅覺也不例外。情緒反覆無常的個性傾向，又稱為神經過敏的（neurotic）個性傾向，這樣的人對噪音、疼痛、令人不悅的場面及苦的味道，似乎都比情緒穩定的人敏感。這種情緒容易激動的個性，對氣味會特別敏感及反應激烈，因此即使聞到相同氣味，也比個性較沉著的人覺得更愉悅或噁心。另外，某些研究指出，此現象還取決於性別及氣味種類。9

我們曾約略提到語言在氣味感知中扮演錯綜複雜的角色，語言對嗅覺的影響力既微妙又強勁。正如你所知，我對臭鼬氣味特別感興趣，所以我最近針對美國同事進行一項非正式調查，瞭解他們對這氣味的反應，以及他們如何形容這氣味。結果十分令人訝異，除了喜好程度明顯分歧之外，沒有任何人用來敘

d｜「中性」在此代表人們對這種氣味的評價平均落在「非常愉快」及「非常不悅」中間，並不代表所有人對這種氣味都沒有明顯好惡。

述臭鼬氣味的字眼是一致的。我聽到的形容從「聞起來像檸檬水」到「聞起來像臭襪子」都有。我個人的形容是「巧克力與大蒜融合的氣味」，這當然沒有其他人附議。只是，我稱為巧克力與大蒜的氣味，與另一個人稱為臭襪子或檸檬水的氣味，聞起來真的一模一樣嗎？目前，我們仍然不得而知。

這個語言學爭議，說明了運用認知解讀氣味的核心難題之一。**學習氣味的方式，與學習其他事物及經驗的方式截然不同**。父母及師長鮮少給予我們任何「聞味說故事」的教學，以致於大多數人自成一套獨到的氣味文字聯結體系。即便接收到許多搭配氣味的敘述標籤，你命名氣味的規則可能還是相當隨機。假設四歲的某一天，祖父和你走過蒸氣爐柵旁時說「啊，那聞起來像洗衣店」，他可能說的是「那聞起來像氯氣」，又或者是「那聞起來像蒸氣」。不管祖父使用的是什麼字眼，都會成為未來你指稱那氣味的標籤，除非碰巧有機會被糾正，但這幾乎不可能發生。由此可知，**文字與氣味之間的聯結有時相當武斷**，而要澄清文字還是知覺體驗，究竟何者才是個體間的歧異所在，正是目前科學研究上的經驗性難題。

另外，**期望及情境同樣能劇烈地影響我們如何理解氣味**，進而左右我們指派給氣味的情緒意涵。假如經過垃圾車的同時，聞到一股有點刺鼻的氣味，你可能會覺得餿臭難聞；但若場景換到法式料理餐館內，當一模一樣的化合物瀰漫在起司盤上，卻可能讓你垂涎三尺。在《無效的故事》（*The Invalid's Story*）裡，馬克・吐溫（Mark Twain）提供了一則詭譎的文學趣聞，可以說明這個論點。**10**這則短篇小說敘述了一位逃票的火車乘客，因為深信身旁的麻袋裏著一具屍體，結果做了最後導致他賠上性命的傻事。然而事實上，麻袋內躺著的只是「一堆無辜的乳酪」。這正描繪了一個可疑的場景，加上形狀特異且曖昧的粗麻布袋，會使人不禁妄加揣測，繼而影響氣味感知，甚至引發激烈的行動。

有個說明**視覺內容如何操縱氣味感知**的實例，讓調味飲料工業鬆了一口氣：當色素與香料偶爾搭配錯誤時，從來不曾接獲任何抱怨。比方說，即使不小心在染為紫色的「葡萄」飲料裡添加了櫻桃香料（而非葡萄），服務專線的鈴聲幾乎從未響起。一項得罪法國紅酒專家的絕妙試驗，也運用相同的色彩欺瞞術，愚弄這些品酒大師。當專家品嚐攙雜紅色食品色素的波爾多白酒時，發表的評論根本就像在形容頂級紅酒；而當呈獻給專家沒有攙雜任何色素的同款白酒時，他們所描述的字眼，就是通常專屬於醇美的波爾多白酒的辭彙。德國有位概念藝術家海佳・葛瑞夫斯（Helga Griffiths）專門創作散發氣味的雕塑品，她最近告訴我，在美術館一件散發青草味的展品上投射綠色光束，可以得到「這聞起來像草地」的評語，但若改為投射紅色光束，竟然能讓觀賞者自然而然說出「這聞起來像草莓」的評語。

沒有命名的眞實氣味也可能會消失

如同視覺線索，語言對氣味感知也具有強大及非比尋常的控制力。我的實驗室發現，**當人們聞到一股氣味時，單單更換命名就能產生嗅覺假象**。我們試驗五種不同氣味，分別給予同樣氣味一個正面的或負面的名稱，例如在狀況一命名為「巴馬乾酪」，狀況二命名為「嘔吐物e」，結果發現，不同名稱誘導出的氣味感知簡直天壤之別，基本上已算是產生嗅覺假象了。人們不止隨著命名而對氣味產生截然不同的反應，還一方面表示非常喜愛並想要嚐嚐（在巴馬乾酪的狀況下），另一方面則表示覺得噁心並想要離開（在嘔吐物的狀況下），甚至之後不願相信他們在兩個情境中聞的是同樣一種氣味。11因此，即使原本因為某種氣味來自乳酪等美食，而學習到那是好聞的氣味，往後也可能因為聞到氣味同時的情境、描述辭彙或期望轉換了，就引發不一樣的聯想，導致氣味變得難聞。

為何與嗅覺有關的事，我們就那麼輕易被言語或視覺內容誘拐呢？這是因為氣味無影無蹤，而人類過分專注於辨識任何物體，所以面對難以捉摸的氣味，只好求助於文字及景象。假如文字及景象提供幾可亂真的線索，我們就會罔顧氣味本身，聽任線索支配我們對氣味的認知及喜好。

不過，並非所有氣味都無法抗拒這種虛幻的暗示。誘拐鼻子的輕易度，取

e｜以異戊酸（iso-valeric acid）和丁酸（butyric acid）混合而成的氣味。

決於氣味多麼曖昧不明。假如讓你聞一顆柳橙，告訴你那是「橘子」，你很可能會相信我；倘若我說那是「檸檬」，你可能就會起疑；但若我說那是「大蒜」或另一種水果「香蕉」的話，你肯定會挑眉質疑。這是由於柳橙氣味所建立的語言嗅覺聯結已根深柢固，而非曖昧不明的。來源具體且明顯的氣味，較不容易被口語暗示的把戲操弄。但依所處情境而顯得模稜兩可的氣味，則可能受認知扭曲影響，而產生五花八門的解讀。

言語不僅能夠創造氣味假象，缺乏言語甚至會讓人無法嗅到真實存在的氣味。幾年前英國研究人員進行一項試驗，將5α－雄烷－3－酮（5-alpha-androstan-3-one）這種特殊氣味打入實驗室的空氣內，同時觀察實驗室內的工作人員是否有察覺氣味的任何跡象。結果發現，實驗室工作人員表現的生理徵象證實他們已察覺氣味，但詢問他們是否聞到任何氣味時，大多數人則否認。事後提供這些工作人員同樣的氣味，並告訴他們其化學名稱時，之前否認聞到氣味的人忽然憶起曾於實驗室察覺這種氣味。[12]言語不僅能操縱氣味感知，**當沒有言語提示時，真實存在的氣味甚至可能就此消失**。

氣味體驗可以徜徉在沒有言語的嗅覺境界裡

在所有經過研究的語言中，**專門使用來描述氣味體驗的辭彙遠比其他感官的專屬詞彙稀少**。[13]惡臭（stench）、發臭（stink）、芬芳的（redolent）、芳香的（aromatic）、刺鼻的（pungent）、有香氣的（fragrant）、難聞的（smelly）、散發氣味的（odiferous）及氣味芳香的（scented），這些單字已窮盡英文字典中所有專屬於氣味體驗的辭彙了。較常見的單字，例如花的（floral）或水果的（fruity），指的是產生氣味的物體（花或水果）而非氣味本身。我們也借用屬於其他感官的辭彙來形容氣味體驗，例如巧克力聞起來香甜，草地聞起來青翠。其實毋須言語就能體驗嗅覺，或決定如何面對氣味。我們的氣味體驗可以徜徉在沒有言語的嗅覺境界裡，事實上，這樣的氣味體驗更加純粹及強烈。**葡萄酒鑑賞家不情願地承認，無知反而比具備精湛學識有福**。擁有描述葡萄酒口味細微差別的華麗文藻，實際上卻糟蹋了感官體驗的豐富性，因為這迫使專家將一小口葡萄酒支解得七零八落，而失去整體的愉悅。

我們身處的情境或背景也相當重要，因為這決定哪些狀況下會接觸到哪些氣味。某些氣味，就像某些色彩及聲音，總是與特定事物同時出現，就像黃色搭配鳳梨、鈴聲搭配電話。但這並非固定或絕對的真理。哪些景象、聲響及氣味與某物體最相配，這完全來自學習。我所學到的是，洗髮精的氣味應該類似某種香水或天然香氣。儘管也相當喜愛巧克力碎片餅乾等其他氣味，但因為童年所學到的經驗，我不希望洗髮精散發餅乾麵糰的氣味。如同每個人獲得氣味偏好的由來總是變幻莫測，**每個人認定氣味與事物之間相配的組合也是獨一無二的**，而且往往連自己都不知所以。

童書創作家瑪瑞琳・辛格（Marilyn Singer）最近寄來一封電子郵件，詢問我為何她喜歡花香蠟燭而非果香蠟燭，但其實這兩種氣味本身她都喜歡。我的回答是，我推測她初次體驗的芳香蠟燭是花香味的，因此她學習到芳香蠟燭聞起來就應該是這樣。喜歡花香蠟燭，是因為它們聞起來「對味」（對她而言，芳香蠟燭理當散發的氣味）；而不喜歡果香蠟燭，則是因為它們聞起來不對味（對她而言，果香氣味與蠟燭並不搭調）。

還有，氣味偏好怎麼有辦法長時間維持不變？你一次又一次地重演對紫丁香氣味的喜愛，以及對香菸氣味的厭惡，每次都誘發同樣的愉悅及憎惡聯結。另一方面，我們的氣味偏好竟如此變化無常？過去吸菸時（或假設你曾經如此），是否覺得菸味魅力難擋；如今你戒菸了，卻覺得菸味令人作嘔。或許兒時的你厭惡菸味，然而當菸味成為父親的象徵氣味後，卻引起懷舊及愉快的聯想。**我們對氣味形成的聯結決定我們對氣味的情緒反應，但其實聯結本質上就是一**

種記憶。有的聯結比較模糊，你只會感覺某種氣味好聞或難聞，也沒有伴隨特定回憶，但有的聯結卻會喚起複雜及強烈的個人往事。對於那位在母親的喪禮上第一次接觸玫瑰的年輕女性，每當聞到玫瑰，氣味與不悅感之間的聯結也是她對母親喪禮的回憶。**比起其他任何知覺體驗，氣味更具有召喚情緒記憶的特殊魔力，彷彿帶領我們穿越時空置身從前。**

第3章

光陰的氣味

Scents of time

無論身在何方，
只要聞到尤加利我就能夠重拾亞得羅圭（Adrogue）的逝去時光，
如今這無疑只存在我的記憶裡。
——波赫士（Jorge Luis Borges）

小瑪德蓮蛋糕泡在菩提花茶裡

某天，我的表妹艾曼達出門拜訪幾位好久不見的朋友，由於路程十分遙遠，朋友們邀艾曼達留宿一晚。為了答謝老友的殷勤招待，晚餐結束後表妹堅持由她來洗碗。正當埋首於肥皂泡沫間開始那再平凡不過的洗刷差事時，一股難以言喻的情緒忽然湧上，淹沒了艾曼達。那強烈的情緒宛如被天外飛來的子彈擊中般，以致於當她回過神時，自己竟已淚流滿面。有好幾分鐘的時間，她只能低頭站在水槽前泣不成聲；正當感到荒謬及困惑時，突然間一陣奇異懷舊的惆悵向她襲來。她的朋友則在一旁目瞪口呆，擔心地直問：「怎麼了？發生了什麼事？」艾曼達忽然抬起頭來轉向朋友，說道：「是我奶奶，是這洗碗精的氣味……她真真實實地出現在我眼前。最後的感恩節，我們共度那整個假期，我站在她的廚房裡幫忙清洗碗盤，我又回到她身邊了。沒想到還能這麼清晰地感受到她，我真的很想她！」之後，表妹徹夜向朋友訴說對奶奶的回憶。

這樣的事情曾發生在你身上嗎？如果和肥皂氣味無關，那麼也許是一種特別的香水、校舍地板打蠟的香氣、古籍的塵埃味，或是某種特殊的氣味？雖然與其他回憶經驗比起來寥若晨星，但幾乎所有我認識的人都曾體驗被特定氣味勾起詫異及深刻的記憶。當暢談起這些記憶時，每個人都對自己的體驗感到著迷及好奇。

綜觀古今詩人和哲學家，從亞里斯多德到波赫士乃至於納博可夫，都曾凝思及讚嘆氣味喚起記憶的神妙之處。普魯斯特（Marcel Proust）在他七卷回憶錄開頭所提及的經歷，以幾近鉅細靡遺的陳述，成為最常受引用的範例。在《去斯萬那邊》（*Swann's Way*）的第一章，普魯斯特講述一個令人咋舌的事件——小瑪德蓮蛋糕泡在菩提花茶裡散發的香味，喚回一段忘卻已久的往事：

帶著蛋糕屑的那一勺茶觸及我的上顎，頓時使我渾身一震，我注意到我身上發生了非同小可的變化。一種舒坦的快感傳遍全身，我感到超塵脫俗，卻不明所以。……這股強烈的快感是從哪裡湧出來的？我感到它同茶水和點心的滋味有關，但它又遠遠超出滋味。1

由於這段敘述的馳名，氣味所喚起的記憶常又稱作「普魯斯特式回憶」（Proustian memories），或是「普魯斯特現象」（Proust phenomenon）。**普魯斯特式回憶的特徵，是由氣味驀然喚醒而洋溢逼眞情感的一段自傳式回憶**。除此之外，氣味也被譽為追尋往事的「最佳線索」（或者最佳提示）。然而，氣味確實是記憶的最佳線索嗎？若真如此，它們如何優於、或異於任何其他召喚回憶的線索？

將氣味喚起的記憶帶入實驗室

細究艾曼達及普魯斯特對回憶的陳述，你也許注意到幾點相似的特質。首先，在這些回憶事件裡，最立即和核心的體驗是純粹的情緒，而記憶的內容「何事，何人，何物」則緊接著浮現。另一個顯著的特質是，這些記憶總是出其不意地來到。對於氣味能夠釋放這樣強烈情感及深刻記憶的本事，我們之所以感到驚奇，是因為我們普遍忽略自己的嗅覺。

個人的過往記憶大部分是經由相同的基本途徑所喚起，無意間觸及原始事件的某個特徵，於是與之聯結的往事便重返腦海。**對普魯斯特式回憶而言，喚起回憶的特徵乃氣味**。在艾曼達的實例中，回憶的過程可以如此追溯：艾曼達與幾年前過世的奶奶非常親暱，奶奶慣用的洗碗精並不常見，而最後一次與奶奶洗碗後，艾曼達就再也沒有機會接觸這氣味。當她無意間聞到這洗碗精的氣味時，附著其上關於奶奶的獨特記憶，便從肥皂泡沫裡抽離出來，進入艾曼達的腦海。至於普魯斯特的回憶體驗，也可以假定類似的心理歷程。打從兒時與姨媽度過的那個夏季，普魯斯特就再也沒有嚐過小瑪德蓮蛋糕泡在菩提花茶中的滋味，然而多年以後再度嚐到這滋味時，相關的記憶便破繭而出。這些過程證明，特定氣味確實是追溯昔日重要片刻的線索，只是疑惑依然存在：氣味當真比我們聆聽、觀察、觸摸或品嚐到的事物更能召喚記憶嗎？

儘管人們對氣味喚起的記憶總是充滿好奇，科學對這塊領域的理解卻少得可憐。最早針對氣味喚起記憶進行的「實證研究」，是唐納．萊爾德（Donald Laird）歸納科爾傑大學（Colgate University）哈維．費茲蓋拉德（Harvey Fitzgerald）的著作，於一九三五年在《科學月刊》（*Scientific Monthly*）發表的文章。2費茲蓋拉德訪談了兩百五十四位男性及女性「傑出人才」，包括作家、醫師和神職人員，請他們回憶並敘述氣味喚起記憶的經歷。一位女士如此陳述她的氣味回憶體驗：

一次在火車上，當氣氛正愉快時，我突然感到沮喪、笨拙和難過。我認出鄰座乘客香水的氣味，剎那間宛如身歷其境般看到在偌大的舞蹈教室裡，仍是少女的我正笨手笨腳地練習法國男老師指導的舞步，並再次體驗他曾帶給我的挫折感。當往事一一浮現，我馬上明白自己突然難過的原因，情緒也隨之平復。這件事發生的時間點，離我最後一次見到那位老師，已經過了大概十五或二十年。

受訪者中有一位美國中西部主教表示，「氣味的確能讓人想起許多事物，」這又更加支持氣味做為最佳記憶線索的主張。萊爾德在整體歸納這些敘述後推斷，氣味喚起的記憶不僅生動逼真及帶有豐富情感，而且往往來自遙遠的舊事。不過，這項研究並未超越老生常談的層次，也並未比較氣味與其他記憶線索之間的差異。

五十年後，總算有人嘗試將氣味喚起的記憶帶入實驗室。一九八四年，杜克大學的大衛．羅賓（David Rubin）與同事伊莉莎白．葛羅斯（Elisabeth Groth）及黛博拉．戈德史密斯（Debra Goldsmith），針對自傳式記憶進行一項研究，他們比較由口語、相片或氣味所引發的回憶。3當任何感官形式的線索喚起記憶時，要求受試者評估記憶的逼真性及情緒豐富性，並說明他們在參與實驗之前有多常想到或談到這份記憶。羅賓及其同事發現，根據受試者的說法，相較於相片或言語引發的回憶，氣味提示所喚起的記憶較少被想到或談到。換句話說，氣味喚起的記憶比較可能來自難得再次體驗的往事。然而羅賓等人的研究結果，依然無法證實氣味喚起的記憶是否更逼真或更獨特，以及氣味線索比起視覺或口語線索有何「優勢」。

氣味喚起的記憶具有情緒感染力

氣味是最佳記憶線索嗎？氣味又何以成為最佳記憶線索？我從一九九〇年

起便開始追尋這些問題的解答，並且利用各式各樣的技術來研究氣味喚起記憶的本質。

在探索過程中我遇到的第一個挑戰，就是理解人們稱為「可靠的記憶」或「最佳記憶線索」究竟代表什麼意思。人們認為「可靠」的記憶，通常是一段精準的記憶，對事件發生的場景有逼真及如實的回想。但記憶不單是在腦海正確無誤地重現往事而已，除了記得奶奶的家在哪裡之外，**記憶還擁有私密、主觀及情感的面向**。

對於過去的回想始終伴隨著情緒，從朦朧的思鄉情懷，到濃烈深刻的情感都有可能。由於如此多元的表現，我將記憶分為兩部分以便研究：記憶的客觀準確性——有誰在場，他們如何穿著打扮，又說了什麼話；以及記憶的情緒特質——重溫過往經歷時所激發的感受。

為探討氣味喚起的記憶與其他類型的記憶有何差異，我研擬了一套類似羅賓等人使用的程序，比較在同樣物體但不同感官形式的線索下所喚起的記憶。舉例而言，將爆米花影像、玉米爆開的聲響、玉米粒的觸感、甚至單純爆米花這個詞彙所激發的回憶，與爆米花氣味所激發的回憶做比較。

實驗結果發現，氣味喚起記憶的準確、詳盡及逼真程度，與同樣物體的影像、聲音或觸感所喚起的記憶不相上下，但也僅止於此。[4]不過，氣味喚起的記憶在情緒豐富性的面向卻相當突出，相較於其他方式所喚起的記憶，能使受試者列舉更多種情緒，評估更大的情緒強烈度，並且表示記憶負荷的情感能量之大，就如同往事重演一般。同時我發現，**當藉由氣味回憶往事時，杏仁核這個腦部情緒泉源所活化的程度，遠比藉由影像回憶同樣往事時明顯**。因此，氣味喚起的記憶確實異於其他種類的記憶體驗，具有獨特的情緒豐富性及感染力。無論在情緒反應或腦部影像表現方面。

伴隨特定記憶的情緒就像一個函數

氣味喚起的記憶總是讓人有強烈的情緒感受，但同樣記憶所帶來的情緒並非始終一成不變。一種氣味可能總讓你想起同樣人物或時刻，伴隨一股情緒的湧現，然而，即使記憶的內容終生不移，其所依附的情緒卻不然。

假使你十六歲那年，極度迷戀班上一位受歡迎的女孩（我們暫且叫她「南西」），而讓你受寵若驚的是，她竟然答應與你一同出席高中舞會。不久，你滿心歡喜地成為南西的男友，每當在她身旁，總能察覺到那股甜美的特殊香氣（事後你才知道那是香奈兒五號香水）。在前幾個月的熱戀時期，每當你偶然聞到南西的氣味，心頭就充滿無盡狂喜。幾個月美妙的約會過後，在某場大型晚宴上，南西當著所有嫉妒你的朋友面前，輕易地將你甩了。你深陷痛苦、羞辱及憤怒之中，無法自拔。現在，每當香奈兒五號的氣味掮過鼻尖，糟糕的情緒紛沓而至，與才幾天前帶來的歡愉簡直天差地遠。讓我們快轉到十五年後的未來，你與終生伴侶幸福地生活著，感到自信及滿足；某天前往工作途中，一位抹著香奈兒五號的女人經過身旁，你不禁莞爾。你憶起關於南西的一切往事，但不再有歡愉或羞辱感，取而代之的是截然不同的情緒。如今，在幽默及智慧的點綴下，你的感受染上寬容的懷舊風情。

上述的小插曲顯示，回憶南西時所伴隨的情緒雖然總是強烈，卻不一定相同，這取決於回憶當時南西對你的意義。伴隨特定記憶的情緒就像一個函數，隨著回憶當時往事對你而言所具有的意義而轉變。這樣多變的情緒並不侷限於氣味所喚起的記憶，但由於**氣味記憶具有強烈的情緒本質**，因此成為此現象的最佳寫照。

如同南西的故事所呈現，氣味喚起的記憶並沒有比其他記憶線索準確多少，但伴隨的情緒卻格外豐富。我認為氣味喚起的記憶所具有的情緒鮮明度及強度，是氣味被視為「最佳」記憶線索的理由所在，因為它們強大的情緒召喚力。**氣味記憶的情緒強度造成假象，讓人以爲這些記憶特別眞實，以爲氣味是回想往事最優秀的提示者。**

氣味喚起的記憶充分證實情緒的說服力，同時也提醒我們必須謹慎以對。當記憶受情緒感染，人們不禁對記憶的準確程度過於有把握，而法庭證人席時常上演這種戲碼。目擊證人傾向過於頑固地堅持，自己的回憶絕對正確。遺憾的是，研究顯示目擊證人的記憶往往錯得離譜。不過，因為情緒太強烈而以為記憶正確無誤的說法，仍然無法充分解釋，氣味為何能贏得最佳提示者的美譽。普魯斯特曾約略提到氣味喚起記憶的另一項特性，也許確實能讓氣味優於其他記憶線索。加拿大作家安妮．穆倫斯（Anne Mullens）曾告訴我一個關於她的故事，正可生動描繪這項特性。

氣味真有辦法喚回已經遺忘的記憶嗎？

十九歲時安妮與幾位朋友參觀一所獸醫學院，閒逛到一間地板中央有大型排水孔的教室，雖然裡面空無一物，她卻發現自己在走進去的那一剎那馬上受到吸引。排水孔散發出一股混著動物血液、鋸木屑及清潔劑的氣味，讓塵封已久的往事湧現出來，記起六歲時曾聞到非常類似的混合氣味，那是在紐芬蘭村莊屠宰場的一次遊覽，當時她父親是那個夏季的訪視獸醫。安妮描述，「聞到那氣味，就像按下放映鍵一般，遺忘的電影於是在腦海上演。」告訴我這個故事時，安妮笑著憶起，那時朋友們以為她癲癇發作，因為「我一步也無法移動，只是目瞪口呆地直視前方，就像意外地被記憶攻陷一樣。」隨後，安妮加快敘述其餘的記憶片段：

記得六歲時，爸爸帶我一同造訪紐芬蘭北部聖安東尼村的豬隻屠宰場。由於爸爸身為訪視獸醫，是當地的顯要人士，所以村民為我們導覽所有場地，包括那間屠宰場。這份還原的記憶包含那刷白的牆面、灰色水泥地板、白色木柱、附有大水槽的靠牆檯子，還有濺上一些血漬的牆壁。

參觀完畢後我們拜訪當地全職獸醫的家，在他們的客廳裡閒坐。我彷彿還能看見那兒的光線，以及井然有序的佈置，天鵝絨製綠色大沙發，印花棉布椅子，胡桃木咖啡桌及側桌。非常典型的英式漁村風格。他們還招待我們飲茶，我記得檸檬雪藏蛋糕，玫瑰花蕾裝飾的瓷器，以及湯瑪斯夫人身穿細緻花紋洋裝。我想自己應該也穿著花紋洋裝，我最愛的就是草莓花紋洋裝（白底綴上紅色草莓），但這方面的記憶不勝枚舉，以致於不夠獨特，使我無法確定當時到底穿什麼衣服。

塵封的往事這樣異常逼真地湧現，令安妮驚奇不已，於是她馬上打電話給母親，求證回憶是否正確。讓安妮高興的是，母親確認那年夏天他們的確到紐芬蘭北部的屠宰場參觀過，之後也曾拜訪當地全職獸醫湯瑪斯醫師的家。至於其他細節，母親卻無法證實，因為她自己也忘了。安妮的三個姐妹也是如此。由於其他人的記憶不如她完整，因而無法加以證實或判斷記憶是否準確，安妮對此感到惋惜。但這絲毫不減損這份記憶讓她感覺特別生動的事實，而且是「一個讓我著迷多年，真正往日重現的體驗。」

這則小故事捕捉到普魯斯特現象的一個特殊面向，也就是氣味能夠回復失去的記憶。氣味真有辦法喚回已經遺忘的記憶嗎？**如果沒有碰到「恰當的」氣味，這些記憶是否就此塵封**，永無重拾之日？對此目前尚無任何研究直接探討，然而特殊性（distinctiveness）及干擾（interference）這兩種已經過充分研究的心理現象，或許能提供一些支持的論點。

特殊事物由於出現時間或型態的稀有性而脫穎而出，因此受到人們更多的關注。某種特殊氣味可能一生當中僅接觸一次，或僅伴隨特定事件出現，因此與該事件形成永久的聯結；反之，和同樣事件有關的影像或言語線索，則較有可能因為重複接觸而失去特殊性及意義聯結。普魯斯特也注意到這個現象，他寫道：

見到小瑪德蓮蛋糕，我還想不起這件往事，等我嚐了味道，往事才浮上心頭；也許因爲我常在點心盤上瞧見那種蛋糕，並沒有拿來嚐嚐，它們的影像早已脫離貢布雷（Combray）的時光，倒是與眼下的日子更爲關係密切。[5]

同樣狀況也發生在表妹艾曼達身上。特定品牌洗碗精的特殊氣味，就是憶起奶奶的線索，因為沒有其他任何洗碗精具有相同氣味。相反地，見到各種洗碗精瓶身或聽到品牌名稱（包括奶奶用的那種），卻沒能喚起艾曼達對奶奶的記憶，因為一模一樣的感官刺激早已歷經多次。

另外，遇到相同氣味的機率相對較低，這件事實也支持氣味做為最可靠的記憶線索。就安妮的例子而言，混著動物血液、鋸木屑及清潔劑的奇特氣味，只在童年旅途中的屠宰場體驗過。同樣地，想必普魯斯特自從兒時在貢布雷度過的夏季後，再也沒有將小瑪德蓮蛋糕泡在菩提花茶裡，直到將近四十歲寫下他知名的回憶錄[a]。的確，當氣味越罕見，就越可能與過去的特殊事件形成聯結。試想，咖啡氣味有多常喚起刻骨銘心的回憶呢？

氣味線索除了比視覺或聽覺線索更少有機會接觸外，氣味形成的聯結也更難抹滅，更難與其他體驗重新形成聯結。換句話說，與某種氣味形成的第一聯結，會干擾之後任何聯結的建立，最熟悉的例子就是「後天習得的味覺嫌惡」。

a｜我假設普魯斯特撰寫這段知名的氣味記憶時約年近四十，據聞他於一九〇九年著手寫作《追憶似水年華》，此文隸屬其第一卷《去斯萬那邊》於一九一二年出版，當時普魯斯特四十一歲。

碰巧在吃了義大利辣味香腸披薩後生病，導致我很長一段時間都極度嫌惡它的氣味，儘管深知義大利辣味香腸不是罪魁禍首，卻很難改掉這個習慣。

拒絕被覆蓋的抵抗力，搭配高度特殊性，使某些氣味截然不同於其他記憶線索，忠實且直接地依附在特定事件上，成爲開啟特殊記憶的那把獨一無二的鑰匙。雖然這項特徵是氣味「優於」其他記憶線索的可能原因，但氣味所喚起的記憶最出色的特徵，仍舊是情緒豐富性。我常想，對於塵封已久的往事，相較於特殊景象或聲音喚醒的記憶，氣味喚醒的記憶是否能激起更多情緒呢？我猜想是的。當氣味誘發回憶時，會引起前所未有的情緒波動，但這並非因為「遺忘已久」，而是嗅覺、情緒與記憶之間的獨特聯結，造就氣味喚起的記憶如此具特殊性。

無法預防喚起創傷記憶的氣味突擊

當氣味讓你憶起失去的愛人或童年往事，那情感湧現多麼引人入勝，帶領你穿越時空回到過去，即使只是清洗碗盤，卻讓往事顯得比當下真實。然而，氣味喚起的記憶並非總是來自遺忘的夏日時光或舊情人，它還可能具有嚴重的創傷本質。

有一種因創傷性的記憶產生的心理疾患，稱為創傷後壓力症候群（posttraumatic stress disor-der, PTSD）b，特色就是創傷性的記憶。當創傷後壓力症候群患者體驗到關於創傷的回憶，會表現出如同受創當時般激動的情緒。對於性侵害受害者而言，創傷後壓力症候群的瞬間經驗再現症狀，感覺就像性侵害本身一樣糟糕。創傷後壓力症候群患者經由與創傷有關的線索喚醒痛苦的記憶，例如行經停車場，可能喚起在停車場遭受性侵害的記憶。然而，氣味還是最隱微及最猛烈的提示者。由於**氣味喚起的記憶具有強烈的情緒本質，並與情緒處理中樞的獨特神經聯結**，因此當氣味誘發瞬間經驗再現，這樣的發作等於重新上演那毀滅性的事件。

氣味之所以對創傷後壓力症候群患者特別具威脅性，還有另一個原因——**氣味突擊無法事先預防或避免**。患者可以刻意避開視覺線索（例如，不經過任何停車場），然而氣味無影無蹤，幾乎能出現在任何場所。當心情尚未平復的受害者無辜地走在街頭，坐在餐廳、戲院裡，或置身任何場合，施暴者塗抹的古龍水氣味卻可能忽然「出現」，這比其他任何記憶線索更能出其不意地突擊，展現使人癱瘓的本領。與創傷後壓力症候群聯結的氣味，也使患者無法進行原本對他們來說再尋常不過的活動。例如「烤肉效應」（barbecue effect），烤架上的肉香味喚起燒焦屍體的恐怖回憶，導致消防隊員、救難人員或參戰退役軍人，

b｜創傷後壓力症候群患者苦於一再體驗有關創傷性事件的回憶，舉凡性侵、火災、車禍及戰爭等創傷事件，都是導致這種疾病的常見原因。然而並非所有經歷創傷性事件的人都會產生這種疾病，人格特質與其他因素互相作用，決定了是否會罹患創傷後壓力症候群。

在經歷創傷後數年都無法享受夏日野炊的美味。

關於這類患者的瞬間經驗再現症狀，氣味不只是最駭人的提示者，更是最難治療的對象。我曾協助精神科醫師及臨床醫師，治療他們已窮盡腦力卻無法處理的症狀——創傷後壓力症候群患者經由氣味所誘發的創傷性記憶。人們也許有辦法過著避開停車場的生活，但在不隱世獨居的情況下，該如何避免聞到某種讓人不舒服的氣味呢？

對於這樣的病例，我建議治療師採用一般治療恐慌症及畏懼症的系統減敏法（systematic desensitization），並略做調整。系統減敏法將受創患者暴露於非常輕微的創傷刺激中，然後逐步增加刺激的程度及真實性，最終則是暴露於實際事物，藉此達到治療目標。每個暴露階段都會教導患者放鬆技巧，讓患者在暴露於自己害怕的物件或線索時使用。舉例而言，對於在停車場遭受性侵害而產生創傷後壓力症候群的女性患者，可採用一系列逐步暴露的方式治療停車場的視覺刺激，從最初描繪停車場建築的圖畫，到最後重回性侵害事發現場。與創傷聯結的聲音刺激，例如關閉車門砰然發出的聲響，也能夠用類似方式治療。但是，面對施暴者氣味所誘發的恐懼，治療師又該如何？

理論上氣味刺激也能用系統減敏法治療，就像視覺或聽覺線索一樣，但會遭遇幾個難題。首先，該怎麼設計微量的氣味暴露？假如受害者認出施暴者的氣味來自古風（Old Spice）刮鬍水，治療便可以從談論古風刮鬍水開始，接著看見古風刮鬍水瓶身，最後嘗試聞古風刮鬍水的氣味。但是氣味記憶的影像及言語線索，永遠不及氣味本身所具有的情緒強度。因此，儘管對古風刮鬍水的想法已緩和了，卻不代表就能平靜面對古風刮鬍水的氣味。其次，相較於其他感官的情緒聯結，氣味的情緒聯結更為固著，對於真實氣味形成的情緒聯結，想要減敏甚至忘記，簡直難若登天。即便如此，透過刮鬍水的各種感官形式，設法一再重現真實氣味的各種面貌，並配合放鬆技巧及正向聯結，應該多少還是有幫助。

某些證據顯示，利用氣味治療創傷後壓力症候群患者的確有所助益。南加州大學的心理師史基普．瑞佐（Skip Rizzo），治療苦於創傷後壓力症候群的美伊戰爭退役軍人，他最近開始將氣味整合到治療中，並發現這讓治療更加成功。瑞佐採用虛擬實境的電視遊戲技巧，做為一種形式的系統減敏法。為使電視遊戲更逼真，柴油引擎、火藥及垃圾等種種氣味瀰漫在各個遊戲場景裡，讓退役軍人感覺就像回到伊拉克一樣。這樣更真實地涉入原始創傷事件，使患者較有機會克服那些回憶的毀滅性。稍後你將瞭解，氣味也運用在許多想像技巧上，讓視覺體驗更加生動。

氣味學習：不犯法的「作弊」祕訣

若氣味是如此有力的記憶線索，能否用來幫助我們記憶？氣味會讓你在考試時表現得更好嗎？是否能按照你的需求，系統性地利用氣味來幫助你回憶一切希望記起的資料？根據利物浦大學的嗅覺研究人員賽門．朱（Simon Chu）表示，中國文化長久以來便有利用氣味協助口述歷史的智慧。一項流傳多年的傳統，就是在世代聚集進行口述歷史時，一面傳遞一小罐香料或焚香。之後當家族成員想回憶這段歷史的細節時，便再度傳遞同樣的香氣。

「情境依賴記憶」（context-dependent memory）這個充分確立的心理現象，證實利用氣味加強記憶的可行性。當你身處最初學習某件事物的同樣情景、場合或心境時，就更能記得相關資訊。其實，情境中幫助你記憶的關鍵點，是你在當下的感受c。既然嗅覺是與情緒關係最密切的感官，氣味當然會是加強記憶的最佳祕訣。氣味做為情境線索的構想，在我之前一定有人曾提出，許多研究也證實，學習時讓四周充滿特定氣味，然後在考試時釋放該氣味，有時候可以增進記憶，但並非總是如此。我對氣味這個記憶增進劑時而有效時而無效的現象感到好奇，於是進行了一系列實驗，從中得出幾項心得。

首先，我發現氣味必須是特殊或陌生的，才能形成有助於增進記憶的環境。

c｜感受做爲「情境依賴記憶」最重要的線索，乃是加拿大英屬哥倫比亞大學心理學教授艾立克．艾希（Eric Eich）的發現。

集體創傷後壓力症候群：九一一的氣味

二〇〇一年十月三十日，布魯克林的一個美好秋日，納旦尼爾搭上駛離市區的地鐵時，正爲工作煩心。正當列車接近下曼哈頓區錢伯斯街站時，他突然心頭一震，愣在當下。是那個氣味！一陣恐慌傳遍全身，他四處張望，顯然其他乘客也如他一般呆若木雞。那個非常特殊的氣味，九一一事件之後在事故區域盤旋數月，幾乎所有親眼目睹世貿中心崩塌的人都相當熟悉，每當他們再次聞到那氣味，就立刻想起九一一那天。由於世貿中心遺址所散發出的氣味具有這種奇特作用，費城莫乃爾化學感官中心的研究員潘蜜拉·戴爾頓及喬治·普雷提（George Preti）分析瀰漫在那裡的空氣，看看能否發現任何異常。結果顯示，世貿中心遺址的氣味由相當複雜及獨特的化學物質混合而成，聞起來就如橡膠般又苦又甜。然而，費城的研究人員對此氣味沒有任何情緒感受，不像親自經歷九一一事件的紐約人，聞到氣味的立即反應是驚駭及悲傷。對戴爾頓及普雷提而言，那氣味只是奇怪，沒有所謂好壞。然而，莫乃爾化學感官中心的研究人員與紐約人之間唯一的差別，就是他們對那個氣味的過去體驗。對紐約人來說，初次接觸那氣味的場景是恐怖及創傷的世界悲劇，但對莫乃爾化學感官中心的研究人員來說，這氣味單純與一個令人關注的試驗有關。紐約人與費城人的鮮明對比說明了，氣味的情緒聯結將決定該氣味往後如何被人感受及體驗。

這種氣味能夠從背景脫穎而出，吸引你的注意，即使你並非刻意這麼做。6在無菌實驗室聞到清潔劑的氣味時，你也許會心不在焉，但若聞到薄荷或奶油糖果的香氣，你肯定會豎起鼻尖留意這個氣味。其次，我發現對於氣味增進記憶的作用，情緒具有根本上的影響力。

學習與記憶乃一體兩面。為能記住某件事物，你必須先學會它，而情緒性情境能讓記憶更加深刻。對於一則乏味的故事，在相同的基本內容下增強其情緒張力，相信你記得故事情節的機率會提高許多。以下哪一則故事比較容易記憶？①一位穿著藍色襯衫的金髮少年，越過停車場進入母親的休旅車內；還是②一位穿著藍色襯衫的金髮少年，在越過停車場朝母親的休旅車行進時，被一輛超速行駛的摩托車撞到。相信你會同意，第二則故事比較容易記憶。

由於情緒加強記憶的效力，以及嗅覺、情緒與記憶之間特有的密切關係，我不禁思索，藉由提高氣味體驗當下的情緒狀態，能否高度活化情緒、氣味與記憶中樞之間的神經網路，進而更加鞏固氣味與事件的聯結。

為了證明這個理論，我分別對四十八位及四十位學生進行實驗，讓他們在充滿陌生香氣的教室裡，學習隨機挑選的十六個單字，例如戒指或馬兒。7學生們並不知道，我之後會測驗他們對這些單字的記憶。然而，為了協助學生學習（並且記憶）這些單字，我要求他們針對每個單字想出一件過去經歷的事件。一個星期過後，到了這項實驗的驗證階段，我測試學生們對那十六個單字的記憶。記憶力的指標是記得的單字總數，能回想越多單字，就代表使用的記憶線索越有效。

這項實驗的關鍵是，其中一組學生學習單字時正處於焦慮的情緒，且環境中釋放一種氣味，做為潛在的記憶輔助工具。為了產生焦慮情緒，我以任職大學之便，順水推舟地利用一種天然的焦慮誘發事件——考試。「焦慮組」的學生之所以焦慮，是因為實驗就在他們期中考一個小時前進行。相反地，「正常組」的學生在一般課程一個小時前參與實驗，因此並未體驗任何強烈情緒。一個星期後，兩組都在一般課程之前測驗對十六個單字的記憶，每個人都表示自己處於平常情緒d。

實驗結果顯示，期中考一個小時前學習單字表，並且在學習及測驗期間都暴露於同樣氣味環境下的學生，記得的單字最多。相較於學習及測驗期間也暴露於同樣氣味環境，卻都處於正常情緒的學生，他們記得較多單字。更引人注目的是，相較於學習期間同樣焦慮，但測驗期間沒有氣味線索的學生，他們也記得較多單字e。事實上，單純在學習期間**處於焦慮情緒而測驗期間沒有氣味線索**的學生，**表現得非常糟**，想必是因為心思轉移到即將來臨的期中考，而不太專注於單字表的緣故。這個現象之所以值得注意，是因為**情緒通常會強化學習**，

e｜這項實驗也觀察到「情境依賴記憶」的作用。學習及測驗期間皆暴露於同樣氣味環境的學生所記憶的單字，多於學習及測驗期間皆沒有氣味線索的兩組學生。

d｜必須注意的是，學生們自願參與實驗，所以最容易對考試焦慮的學生勢必不會自告奮勇，不過，本實驗針對每個情境都有評估學生的情緒，相較於其他組學生，在期中考前參與實驗的學生明顯比較焦慮。

但缺少了氣味線索，情緒對隨機單字表的學習幫不上任何忙。然而，當氣味線索在場且搭配升高的情緒狀態，儘管分心，學生對互不相干的資訊也能記憶得相當好。

這項研究帶來一個有益的啟示，對學生尤其受用，也讓每個嘗試學習或記憶資訊的人獲益良多。當為準備考試而學習時，若你正處於焦慮或激動的情緒狀態，選擇一種可以攜帶至考場的特殊或陌生香氣，在學習的同時釋放這種氣味，相信會是個好主意。這是最佳的作弊方式，卻又沒有真正作弊。不過，在你為下一個記憶挑戰尋找適合氣味之前，必須瞭解兩件事情。

第一件事情是嗅覺疲勞（odor adaptation），這是嗅覺的生理特性之一。即是持續聞某種氣味達十五分鐘後，實際上就再也無法察覺該氣味了。你可能相當熟悉的例子是，在麵包坊或花店等芳香四溢的環境裡，香氣總會令人遺憾地消失。剛踏入門庭若市的麵包坊時，烘製甜點香噴噴的氣味將你團團包圍，但在排隊等待過後，終於輪到你買蛋糕時，令人陶醉的烘焙氣味卻似乎消逝了。另外，假如曾經拚命聞舊時的古龍水瓶，或將頭埋在香柏衣櫃裡，試圖憶起失去的愛或珍貴的童年時光，你也許會熟悉另一個令人沮喪的情況。越是持續去聞，想要重溫逝去的往事，那些你拚命試圖奪回的氣味及記憶，越是離你遠去。

這些情節上演的同時，鼻子內正發生某種生理現象。當嗅覺受器被特定分子疲勞轟炸一段時間後，便停止對相同化學物質起反應。其實，只要讓自己離開那些氣味分子，就可以比較迅速地消除這種生理作用。站在麵包坊外或放下舊時的古龍水瓶幾分鐘後，再度踏入麵包坊或拿起古龍水瓶，就能重新聞到那些氣味，享受它們帶來的愉悅。

有個方法可以在形成嗅覺疲勞前，將氣味所帶來的效果加以延長，也就是**間歇地釋放氣味**。與其不斷開著空氣芳香機，不如一陣一陣交替開關，這樣子氣味就不會讓嗅覺受器飽和，藉此拉長你在車子裡享受薄荷及松樹香氣的時間。在氣味增進記憶的作用方面，可於學習期間偶爾而非持續地聞某種氣味，這將延長氣味線索保持效力的時間。另一個利用氣味做為記憶輔助工具的構想，更具有實用價值。**隨著學習題材變換所聞的氣味**，若你同時為微積分考試及駕照測驗做準備，請記得針對每個題材使用不同氣味，千萬不要混淆了。如果在兩種學習期間使用相同氣味，可能會在努力回憶漸進線的速率時，卻發現自己想著速限。

沒有任何感官在睡眠時罷工，只有嗅覺

記憶可以回復生命的一切，除了氣味以外。

——弗拉基米爾．納博科夫（Vladimir Nabokov）

雖然氣味是卓越的記憶線索，但諷刺的是，幾乎不可能喚起對氣味本身的記憶，或可說是極其困難的。你也許記得爐火燃燒的細碎爆裂聲，或記得所生長的屋子的模樣，但你能確切地在腦海重現昔日露營帳篷的氣味嗎？或甚至是巧克力碎片餅乾的氣味？

關於回憶氣味的能力，這方面的研究先驅是特里格．恩根，之前的章節也曾稍微提過他。出生於挪威奧斯陸的特里格，於一九四八年來到美國，在布朗大學度過他的學術生涯。特里格的重大發現包括，我們對氣味的記憶能持續非常久，以及氣味的第一聯結一旦形成便十分難以抹滅。關於回憶氣味的能力，雖然有特里格開創性的研究成果，這方面的研究卻因一項難題而遲滯不前：該如何研究回憶氣味的能力？這之所以成為難題，是因為另一個**嗅覺心理學的核心問題：我們有辦法回想，或者想像氣味嗎**？我們或許能辨認氣味（例如，認出餐廳白紅色糖果的氣味是薄荷），但若沒有糖果在場，我們能在腦海確切捕捉薄

荷的氣味意象嗎？

我曾經對一百四十位大學生進行一項調查，請他們嘗試想像各種感官經驗，好比看見一部車、聽到鬧鐘響、觸摸絲緞、品嚐檸檬或聞到巧克力，結果發現他們想像巧克力氣味的能力最弱，而且明顯遜於想像其他任何感官意象的能力。其他研究人員也無法找到支持嗅覺意象的證據，但還是有人主張嗅覺意象和其他感官意象相去無幾。專業調香師、品酒師及廚師對自己想像氣味的高超本領特別有信心，但他們是否真能想像氣味，這方面的本領是否比一般人優秀，這些問題從未經過證實。

在所有支持其他感官意象的證據中，最令人信服的莫過於神經影像研究。這些證據顯示，當想像及實際察覺特定知覺時，會活化腦部相同部位。舉例來說，**看見南瓜派及想像南瓜派時，會在神經影像上顯現出視覺皮質的同樣區域**。這種想像與真實知覺之間的神經生物重疊現象，在視覺及聽覺方面的證據早已相當充足，但對於察覺與想像氣味而言，事實卻不盡然如此。**實際聞到南瓜派與想像南瓜派氣味所活化的腦部區域，彼此並不完全重疊**。

夢境是另一個可以檢視想像的地方。有關夢的研究證實，**具有氣味體驗的夢境極爲稀少**，遠比具有其他感官體驗的夢境罕見。我們在睡眠狀態下也無法聞到氣味，也就是說，你是醒來聞到咖啡香，而不是聞到咖啡香才醒來的。瑪莉．卡爾斯卡頓（Mary Carskadon）這位任教於布朗大學的全球知名睡眠專家，最近與我進行一項研究，發現在深層睡眠及做夢睡眠中f，即使像薄荷這種強烈刺激三叉神經的氣味，及氮苯這樣刺鼻的氣味，也無法喚醒睡眠或產生暗示覺醒的腦波變化g。**沒有任何其他感官在睡眠時被這樣徹底斬斷，而目前我們並不理解嗅覺在睡眠時罷工的原因及方式**。可能是因為**嗅覺十分仰賴對情境的解讀和集中的注意力**，而如此的警覺程度被睡眠關閉了，在這樣的意識狀態下，鼻子就像未插電的偵測器般毫無用處。

大多數人似乎都靠相關的知覺及記憶，來重現氣味意象。火雞從烤箱取出時閃著褐色光采的模樣、廚房溫暖的熱度、幸福滿足的心情及對可口滋味的期待，這些記憶都喚起聞到感恩節火雞的感覺。但腦海中的鼻子體驗火雞的方式，跟火雞實際在鼻尖前切開時的體驗可能完全不同。

人類的嗅覺想像能力比起其他感官之所以如此遜色，我認為是**因為人類根本不需要抽象的氣味意象就能存活**。面對需要加以判斷的物件時，嗅覺告訴我們何者該靠近而何者該避開——這個食物美味，那個則否。然而，我們並未利用氣味建構世界的地圖或抽象概觀。齧齒目等仰賴嗅覺以求生存的動物，可能會以嗅覺思考，某些我們靈長類的老祖先也可能如此。但現代人類利用視覺及聽覺等知覺資訊來源，來建構抽象概念，以幫助我們理解世界及求生存。由於

g｜腦波圖（electroencephalogram, EEG）是一種評估腦部神經活動的指標。

f｜深度睡眠屬於慢波睡眠的第三及第四期，做夢睡眠則屬於快速動眼（REM），欲知詳情請參閱以下文獻：Carskadon, M., & Herz, R. S. (2004). Minimal olfactory perception during sleep: Why odor alarms will not work for humans. Sleep, 27, 402-405.

這方面不需要靠嗅覺，想像氣味的能力在演化的過程中便沒有特別經過篩選，因而變得較弱。不過，演化的篩選過程千變萬化，某些個體也許仍具備老祖先的嗅覺想像能力，這些純正的氣味想像者可能就在你我之中。再者，由於學習對於嗅覺如此重要，透過訓練或重複體驗，是有可能培養出創造嗅覺意象的能力。某些調香師及廚師所言或許屬實，他們可能確實在後天習得想像氣味的能力，並應用在他們的專業裡。

回憶構築人生，沒有回憶我們會被世界遺棄，更重要的是，也被自我遺棄，而只能在滄海橫流的當下載浮載沉，忘了自己從何處來，也不知該何去何從。**失去嗅覺並不會毀滅記憶，但卻讓記憶褪色及變調**。懷舊情懷中深刻及惆悵的感受，回憶逝去愛情的能力，及某些塵封已久的往事，都會隨著嗅覺消失。潔西卡．羅斯埋怨說，她不再理解自己過去為何喜愛在雨後散步，或前往某些地方。**沒有嗅覺的她，似乎和自己及其他人都疏離了**。最後她吐露，如今一部分的自己也消失了，而她的自我及一切幸福都被破壞，再也無法挽回。

第 4 章

芳香與治療

Aroma and therapy

健康之道，
就是每日洗芳香浴，及做芳香按摩。
——希波克拉底（Hippocrates）

隱藏在芳香療法背後的眞相

當人和潔西卡．羅斯一樣失去嗅覺，可能導致不健康的情緒狀態及幸福感降低。那麼，如果是相反的情況呢？聞香氣能治病嗎？使用特定香氣，是否有助於增進我們的健康、活力及幸福？

幾年前我請一位名叫荷莉的學生替我當個小偵探，勘查隱藏在芳香療法背後的真相。我在當地的美容沙龍為荷莉預約了一次芳香療法服務，以下就是她在這個芳香世界裡度過的一小時。

當我抵達沙龍，一位迷人的年輕女性前來迎接我，她穿著白色實驗衣，看起來就像正式醫療人員一樣。她請我跟著她走到沙龍後面，進入一間非常溫暖、燈光昏暗的房間，裡面正叮叮噹噹響著輕柔的亞洲風音樂。那位年輕女性指示我卸下衣物，躺在房間中央一張狹窄的按摩床上，並用粉紅色毯子覆蓋我的身體，她表示隨後會返回幫我進行芳香療法按摩。回來時她調整了音樂，我開始聽見細柔的瀑布聲及雨聲。然後，她詢問我最想解決的問題有哪些。赫茲教授與我事先討論過某些可提出的一般壓力問題，所以我便告訴她，自己對課業感到焦慮，注意力無法集中，睡得也不好。

她一邊點頭，一邊走到一張排滿琥珀色小玻璃瓶的桌子旁。我看見她從眾多瓶身中挑選一套組合，然後擱在桌子旁的拖盤上。她將芳香油按摩在我的背部、頸部及肩膀，同時說明每種精油的效用，以及在家自行使用的方法：薰衣草具有絕佳的放鬆效果，也可以在泡澡時使用；枕頭滴上幾滴馬鬱蘭能幫助睡眠；杜松果有鎮靜效果，也可以對付精神疲勞；而檀香則能減少整體壓力。她也建議我將這些精油用來冷／熱敷，甚至用來泡澡，滴在衣服上，及塗抹於皮膚。

這樣的精油課程約莫進行四十五分鐘後，她宣布治療已經完成，並請我著衣完畢後在櫃檯與她會合。我感覺好放鬆，只想待在原處睡覺。當我終於到了櫃檯，芳香治療師正在那兒等候，手上拿著按摩時使用的那幾瓶萬能精油，顯然是希望銷售給我。我表示過一陣子再次造訪時會購買，然後便在支付按摩費用後離開。

荷莉和我仔細討論這次體驗，並結合我針對氣味、情緒、心情與行為之間的聯結所做的研究，我終於清楚芳香療法對人們為何總有療癒魔力，以及芳香療法實際上如何奏效。

化學家將灼傷的手泡在薰衣草精油竟迅速痊癒

芳香療法的觀念，源自於相信植物具有療效的遠古文化。中國人將芳香療法運用於焚香，埃及人運用於屍體防腐，羅馬人則運用於沐浴。的確，芳香植物與醫療之間密切的關係可能早在歷史記載之前就已形成，當時芳香植物做為一種驅除昆蟲及治療皮膚病的方法。

誠然，許多植物具有療效，而許多現代藥劑也從植物衍生出來。阿斯匹靈的有效成分乙醯柳酸（acetylsalicylic acid），乃是發現咀嚼柳樹皮可以舒緩疼痛、發炎及發燒而來。蒸餾百里香（thyme）所產生的精油，殺菌效果估計比酚類（phenol）強上十二倍，而酚類正是清潔劑中常見的人造殺菌成分。不過，除了基本抗菌及抗發炎療效外，現代芳香療法提出，各種植物的氣味還能影響心情、行為及「健康」。

芳香療法（aromatherapy，字源為aromatherapie）的名稱及現代運用方式於一九三〇年代萌芽，由法國化學家蓋特佛塞（Ren-Maurice Gattefoss）所提出。蓋特佛塞在一次實驗室爆炸意外後，偶然將嚴重灼傷的手浸泡到純薰衣草精油中，居然讓手奇蹟似地迅速痊癒，從此以後他便開展對精油的探索。

芳香療法所採用的精油，從被認為擁有療效的各種植物、灌木、樹木、花朵、根部及種子蒸餾而來，不攙雜其他物質且完全天然。是特定一種植物搭配一種植物基底油，所蒸餾萃取出來的精華。隨著植物種類變化，用來蒸餾的部位就有所不同。天竺葵精油取自葉子及莖部，類似柳橙的佛手柑精油取自果皮，肉桂精油則取自樹皮。

芳香治療師相信，精油散發的氣味除了對體內化學作用具有獨特效果外，也擁有改變情緒狀態及促進各種疾病痊癒的本領。芳香治療師會傾聽你的不適，接著針對你的訴求調配一種混合不同精油的複方，可以蒸氣吸入、加入茶飲（編按：純精油不建議口服）、用來冷／熱敷、直接吸嗅或藉由按摩吸收。

近幾十年來，在法國及歐洲大多數國家，人們可以取得芳香治療師身分的官方認證，治療上也常見由植物及藥草製成的藥劑。然而一直到最近，自然醫學（natural medicine）才普遍被北美洲接受。同樣地，芳香療法在歐洲的歷史較悠久，也較受歡迎。芳香療法一直到一九八〇年代初期登陸加州時，才開始在美國嶄露頭角，儘管目前美國有上千名芳香治療師，他們卻毋須法定認證就能執業。

令人放鬆的按摩，搭配幽香四溢的精油，無疑能使人感覺通體舒暢，但芳香療法更宣揚，氣味如同藥物般可對情緒及行為本身產生影響。丟掉「樂復得」及「煩寧」[a]吧！這裡就有幾種常用「處方」精油，據說擁有相同的心理療效。檀

a｜樂復得（Zoloft）爲一種抗憂鬱藥的商品名，煩寧（Valium）則爲一種鎮靜劑的商品名。

香具有鎮靜及放鬆的效果，有助於治療焦慮、憂鬱和失眠。迷迭香淨化心靈，並促進記憶。薰衣草具有提升及慰藉情緒的效果，有助於減輕壓力、焦慮、憂鬱和失眠。薄荷振奮精神，增強能量。馬鬱蘭具有平靜及鎮靜的效果，能舒緩種種負面情緒狀態，如焦慮、易怒和寂寞。快樂鼠尾草除了具有提升及放鬆情緒的效果外，還有助於舒緩憂鬱、焦慮和疲勞，使焦躁的孩童恢復平靜。這些植物精華及其他使用在芳香療法的物質，也宣稱可藉由食用或塗抹於皮膚上而舒緩各種身體不適，包括偏頭痛、一般疼痛、腸胃道疾病、呼吸系統問題及婦科疾病b。

遺憾的是，芳香治療師貴重木箱內眾多精油所聲稱的廣泛功效，不免讓人聯想到江湖郎中四處兜售的萬靈丹。雖然許多植物在食用後確實能發揮生理作用，然而目前仍無科學證據顯示，吸入檀香氣味後能從血液偵測到檀香精油——這是精油產生藥理作用的必要條件。儘管薰衣草近期內尚不至於成為管制藥品，但它似乎能幫助人們放鬆。如果薰衣草的生效機轉異於藥物，那麼它到底是如何發揮作用的呢？答案就是，透過心理。

香氣藉由喚起人們後天習得的聯結，以施展療癒魔力。這種學習到的聯結可產生貨真價實的情緒及生理作用，繼而影響心情、想法、行為和整體健康。薰衣草氣味使人放鬆，薄荷氣味使人神清氣爽，這源自人們對這些氣味所後天

b｜請注意，相較於吸嗅香氣，食入各種植物萃取物確實可能產生生理作用，藥局裡天然順勢療法專櫃所宣稱的就是這些作用。（編按：本書原文出版於二〇〇七年，當時芳香療法相關實驗與研究開發中，嗅聞精油中的化學分子如何從嗅覺受器進入神經系統進而影響生理的機轉論文近年逐漸累積。正如肯園香氣私塾負責人溫佑君推薦序所提「芳香療法的療癒作用，並非僅是『心理性』的」）

賦予的意義，以及這些氣味所引發的情緒聯結。我們「學會」薰衣草的情緒聯結是輕鬆，就如同我們學會玫瑰好聞而臭鼬難聞。

邂逅芳香療法常用的香氣時，當下的典型情境也會助長其療效。薰衣草經常出現在沐浴油及肥皂中，由於人們往往利用沐浴來放鬆自己，薰衣草也就習以為常成為令人輕鬆的氣味。截然不同的是，拜廣告宣傳、糖果的一般印象及三叉神經的冰涼感所賜，將「提神的」和「刺激的」概念與薄荷形成聯結，因此對許多人來說，薄荷確實能振奮精神。然而，如同稍早所述關於冬青的例子[c]，在不同文化學習下，對氣味所產生的特定情緒反應可能相當懸殊。氣味改變人的心情，按照之前所建立的情緒聯結而使人平靜或興奮，這些作用並非因為氣味具有任何本質的或天生的藥理特性。芳香療法的愉悅只存在嗅聞者腦海裡，不是藉由氣味的直接作用產生，而是間接來自個體過去對特定氣味所聯結的情緒。

在牙醫診所候診時聞柳橙香氣減輕焦慮

但這並不代表，氣味的療效不如藥物等「內在」物質名副其實。維也納醫學大學的約翰・萊納（Johann Lehrner）及其同事已證實，相較於未暴露於香氣的牙醫診所候診患者，暴露於薰衣草或柳橙氣味的候診患者心情明顯改善，焦慮

c｜比較英國與美國對冬青的偏好，顯示截然不同的愉悅感受，這可追溯至兩國不同的文化聯結，及學習冬青氣味當時的情境差異。詳情請參閱第 2 章。

也減輕許多。1香氣的正向療效並不侷限於情緒，還能夠影響生理狀態。一項研究探討氣味對疼痛的作用，讓受試者自行挑選一種好聞及一種難聞的氣味，在接觸令人疼痛的熱度時分別吸入這兩種氣味。2結果發現，相較於吸入「難聞」氣味的人，吸入「好聞」氣味的人表示較能忍受疼痛，即使每位受試者所暴露的熱度一模一樣。

這些發現凸顯了芳香療法產生療效的另一個核心因素。人們喜愛的氣味激發愉快的情緒，而發揮正向作用；反之，人們厭惡的氣味傾向於激發不愉快的情緒，而產生負向的或中性的影響。假如牙醫診所的患者不喜愛柳橙或薰衣草的氣味，便無法從中得到任何好處。為說明此觀點，另外一項研究探索薰衣草或迷迭香氣味對痛覺有何影響，結果發現兩者都不具任何止痛效果。然而，相較於那些不喜歡所聞的氣味的人，聞到且喜愛薰衣草氣味的人表示疼痛較為舒緩，心情也改善了。3這項結果的基本原理是：處於好心情能降低環境干擾的程度，但處於壞心情則會惡化環境干擾的程度。假如你與另一半剛大吵一架，前往工作途中的交通擁塞對你而言，一定遠比剛從心曠神怡的渡假返回時令人煩躁。喜愛的氣味可以讓人感覺愉快，減少焦慮，並提高對疼痛等環境干擾的忍受力。

心理暗示能讓幽靈氣味影響心跳

人心易受暗示影響，因此光透過暗示，氣味就能施展魔力。瑪麗伍德大學（Marywood University）心理學教授伊絲泰勒．坎本尼（Estelle Campenni）所進行的巧妙研究證實，無論氣味的種類，也無論是否確實有氣味存在，**只要得知特定一種氣味是讓人「放鬆」或「興奮」的，就會產生與放鬆或興奮情緒一致的心跳反應**。得知薰衣草氣味具有「振奮」作用的學生，產生心跳速率上升的反應；而得知薰衣草氣味具有「放鬆」作用的學生，則產生心跳速率降低的反應。值得注意的是，研究人員從未告知學生所聞的氣味為何，他們只知道氣味具有放鬆或振奮的效果。即便根本沒有氣味存在，當暗示房間裡有種「可能無法聞到的」幽靈氣味能「放鬆心情」時，學生的心跳速率便降低，而暗示幽靈氣味能「振奮精神」時，學生的心跳速率則增加。[4]薰衣草等芳香療法非常熱門及慣用的氣味，所宣稱的療效其實單靠「暗示」就能產生，這項事實猶如對氣味本身擁有心理生理作用的主張宣判死刑。

即使在毫無東西可聞的空間裡，氣味也能從稀薄的空氣中揑造出來，甚至能對我們產生他人所虛構的「作用」，這著實是讓人詫異的事情。**其他感官完全不是這麼一回事，即使某人謊稱房內有隻白色大象，你也不會突然就能看見牠。**

相形之下，幽靈氣味卻出人意外地容易誘發。

首度記載的氣味幻象為一八九九年埃默里．艾德蒙．史羅森（Emory Edmund Slosson）所進行的實驗，他是美國懷俄明大學的化學教授。[5]史羅森於大學課堂聲稱，想瞭解某種氣味在空氣中的擴散速度有多快，因此要求學生一旦聞到氣味就馬上舉手。接著，他一邊將蒸餾水倒在棉布上，一邊說明這種化學物質的氣味相當奇特，應該沒人曾經聞過。史羅森表示，大部分前座的學生在十五秒內已舉了手，而班上四分之三的學生在一分鐘內都舉起了手。現職加州大學戴維斯分校食品科學教授的麥克．奧馬漢尼，一九七八年時曾在英國電視及廣播，進行令人印象非常深刻的嗅覺假象實驗。奧馬漢尼聲稱，某個聲音頻率會產生嗅覺，使人聞到一股野外氣味。光靠這個暗示及某些影音提示，居然導致上百位民眾寫信到電視台及廣播電台，宣稱他們在那個聲音頻率播放時段聞到了某種氣味。民眾具體指出的氣味從蜂蜜到肥料都有，某些民眾還抱怨因此頭暈目眩，嚴重咳嗽，甚至花粉熱發作！[6]

這個媒體花招證明，**只是告知「有」氣味就可讓人深信聞到某種東西，且因此產生種種反應**。此外，當任由人們獨自想像時，這種虛構的氣味還可能假戲真做，造成激烈反應甚至情緒失控。

二〇〇五年底的紐約市，出現好幾次氣味引發的事件，要不是九一一逐漸形成的被害妄想狀態，這幾乎不可能發生。那年的十月底，紐約市被一股詭異的氣味包圍，人們形容那聞起來像「楓糖漿」，而且同樣事件在十二月初再度上演。二〇〇五年十月二十七日，那股甜膩的楓糖漿氣味自下曼哈頓區一路飄入住宅區，然後到某些其他區域，散佈速度之快，使得甜點偽裝下對化學恐怖活動的恐懼，從流言蜚語演變成人心惶惶。紐約市的三一一諮詢熱線整天響個不停，市立急難應變指揮中心通知警政暨消防部門、州立緊急事故管署、甚至美國海岸防衛隊，請他們確認這狡猾的氣味飄至何處，及來自何方。針對曼哈頓上空的空氣所進行的密集安全測試，並未發現任何有害化學物質。而在一天之內，這氣味突然消逝無蹤，如同它的出現般令人費解。二〇〇五年十二月初，幾乎一模一樣的楓糖漿氣味再度襲捲整個紐約市，但仍然未能尋獲氣味來源。雖然某些紐約人表示，這股楓糖漿氣味喚起令人懷念的兒時記憶，或驅使他們吃下平日抗拒的甜食，但絕大多數紐約人對這氣味產生的情緒反應是恐懼。在受困於恐怖主義的城市中，即使平日令人愉悅的氣味，也可能構成令人不安的情境。原來，對氣味的解讀，以及因而導致的氣味體驗，其實都只存在腦海裡。**同樣的氣味用在同一個人身上，也能召喚出恐懼、難過、幸福、渴望等不同感受。**

背景氣味

根據英國路透社通訊記者賽巴斯汀．莫菲特（Sebastian Moffett）所定義，「背景氣味」代表將宜人的氣味釋放到工廠空氣中，以改善勞工工作表現的方式。近年來，已有許多日本企業嘗試這個方法。然而，嗅覺疲勞仍是棘手的老問題。從心理學的觀點來看，新氣味就像新傢俱及新裝潢一樣，一旦感覺熟悉之後，就被視爲理所當然，而無法持續振奮員工。從生理學的觀點來看，一旦形成嗅覺疲勞，員工不再能聞到或察覺該氣味，更遑論提升效能了。氣味沒有所謂的潛意識作用，未來也不會發生利用氣味控制心智的事情，對此你毋須擔心。聞不到的氣味無法操縱人心！

「惡臭」的氣味讓你生病嗎？

一九九九年夏天在比利時的柏南鎮（Bornem），有四十二名兒童喝了可口可樂後不可思議地生病而必須送醫治療。過了兩天，鄰近的布魯日鎮（Brugge）又有八名兒童生病，之後比利時各地都爆發了類似疫情。經過一星期左右，超過一百名兒童因噁心、頭暈及頭痛等症狀住院，雖然大多數兒童「發病」當天完全沒喝可口可樂。經過可口可樂史上最大規模的產品回收後，這項昂貴的全面調查發現，原來是位於安特衛普（Antwerp）的生產工廠使用受污染的二氧化碳幫一批飲料打氣，而這批飲料後來送到某些學校的冷飲機。不過調查顯示，回收的蘇打水所含有的硫化合物濃度，必須乘上數千倍才可能對健康造成任何影響，這讓可口可樂公司鬆了一口氣。但是蘇打水受硫化合物污染的濃度，已足夠產生一股腐臭雞蛋的氣味，而讓人們相信自己生病的幕後黑手，正是這股氣味。

認爲氣味具有療癒能力的看法，伴隨著一個存在已久的迷思——氣味會讓人生病。德國法蘭克福郊區有座化學工廠，除了排放其他物質外，還釋放一種稱為鉈（thalium）的氣態化學物質。當鉈接觸到人類的皮膚，會轉變成二甲基鉈（dimethyl thalium），這種化學物質在非常低的濃度下聞起來就像大蒜。工廠附近的居民只要嗅到微弱的大蒜味，就會趕緊打電話給這家工廠，抱怨一定是那些嚇人的有毒物質讓他們身體不適。不過，工廠旁邊剛好有座森林，裡頭生長著一種稱作熊蔥(barlauch)的野生植物，而熊蔥在春天的時候聞起來就像大蒜一樣。讓當地人的鼻子苦惱不已的大蒜氣味，究竟來自天然森林還是化學工廠，完全取決於當時的季節及盛行風向。可是無論何時，即使在沒有生產鉈的春天，工廠仍不斷接到居民的電話，抱怨他們生產的化學物質多麼惡臭。對臭氣恐懼是有利生存的演化策略，然而當與氣味扯上關係，恐懼往往變得極端不理性。「惡臭」的氣味總率先成為代罪羔羊，且人們也不情願證明它們的清白。

造成健康問題的是言語而非氣味

幾世紀以來，難聞的氣味被視為病源，好聞的氣味則被視為靈丹妙藥。然而所謂「好聞」或「難聞」，則取決於時間或地點。綜觀古今中外，文化歸類為好聞的氣味被認為是有益健康的(比如當代西方文化中的花香、果香及薄荷氣味)；反之，文化歸類為難聞，亦即文化厭惡的氣味則被認為有害健康的(目前在北美洲的例子為硫磺氣味)。諷刺的是，去污劑及清潔劑等有害人體的家用品，經常利用薄荷、松木和柑橘等「好聞」及「有益健康」的氣味來做為掩飾。

莫乃爾化學感官中心的潘蜜拉．戴爾頓花了好幾年時間，研究人們對於氣味有益或有害健康的印象，到底如何發展成健康的感覺或疾病症狀。在一項研究中，潘蜜拉請受試者聞三種對身體無害的氣味：具有健康意涵的冬青氣味；暗示危險意涵的丁醇（一種消毒酒精）氣味；及稀罕的木頭香脂氣味。接著，潘蜜拉運用心理學家慣用的伎倆，便是欺騙受試者。她告訴第一組受試者，他們聞到的三種氣味都「有益健康」；告訴第二組受試者，三種氣味都「危害健康」；告訴第三組受試者，三種氣味都「不影響健康」。而這些資訊如何左右受試者對氣味的反應呢？

相較於被告知三種氣味都「有益健康」或「不影響健康」的受試者，被告知三種氣味都「危害健康」的受試者描述較多疾病症狀，例如鼻子過敏、喉嚨痛及頭暈，並給予氣味更強烈及刺激性的評價，無論聞到哪一種氣味皆是如此。針對冬青、樹脂或丁醇所抱怨的健康問題總數，均隨著「危害健康」或「有益健康」的暗示而呈現一致的變化型態。7換句話說，讓受試者產生身體症狀的是言語，而非氣味。原來，造成許多健康問題的原因，其實是認為氣味危險或有害的想法，而非事實。這樣的想法，對醫療政策、經濟及政治會有深遠的影響。

氣味幻象：只要相信，就能致病

下列疾病的發作，過半都是不知名陌生氣體（Unidentified Foreign Odors; UFOs）所造成的心因性疾病，如海灣戰爭症候群、多元性化學敏感症、病態建築症候群等似乎無法找出生理病灶的可疑疾病。各種由氣味誘發，但不具明顯醫學徵象的身體不適，目前統稱為多元性化學敏感症候群（multiple chemical sensitivities syndrome）。多元性化學敏感症患者，在某種氣味出現時會產生嚴重過敏反應及情緒困擾。對於如此充滿爭議性的疾病，目前醫學的理解相當貧乏，長久以來世界各國也為了是否該將其歸類為疾病而爭論不休。美國醫學會於一九九二年聲明，不該將多元性化學敏感症視為疾病，同一期間環保署等相關政府組織也發表類似聲明。然而，專家、患者、保險公司及政治機構都各自抱持不同觀點。

多元性化學敏感症最常見的症狀，包括疲勞、注意力不集中、頭痛、頭暈、虛弱、心悸、呼吸急促、焦慮、肌肉關節緊繃或疼痛。這一系列病痛的關鍵要素，就是症狀總在患者面對某種氣味時發作。對任何特定患者而言，引發症狀的氣味完全隨機，從葡萄柚到香水乃至於顏料都有可能。多元性化學敏感症所涉及的病痛種類也相當廣泛，生理性症狀（如關節疼痛）、精神障礙（如注意力問題）

及心理狀態（如焦慮）無一倖免。然而一個常見的共通點是，引起症狀的氣味對未受苦於此症候群的人來說，幾乎總是無關痛癢。對特定患者而言，導致發作的氣味濃度，可以如耳語般輕柔，也可以如暴風般猛烈。甚至當沒有任何「聞得到」的化學物質存在四周時，這類患者仍會發作。**發作的唯一必要條件，就是患者相信害病氣味的存在。**8

表面上看來，特定氣味引起發作毫無規則或道理可言，而讓同樣患者發作的氣味種類也沒有任何一致性，除了經常是香水及食物相關的氣味之外。多元性化學敏感症也常延伸至氣味以外的感官刺激，包括噪音、光線及某些味道。「多元性化學敏感」的名稱，意謂受此疾病折磨的人似乎對所有類型的感官刺激都特別敏感。

多元性化學敏感症最顯著也最受爭議的特徵，就是當患者向醫師報告他們的症狀時，幾乎老是找不到潛在生理病灶。多元性化學敏感症患者不僅身體健康，一項大規模研究還發現，在兩百六十四位罹患此疾病的患者中，症狀可溯及任何有害化學物質暴露史的比率甚至不到百分之二。9假使多元性化學敏感症不具生理徵象，在大部分的情況下也無法得知具體病因，那麼這種疾病究竟是如何發生的？為何只影響某些人？

牛排、蘋果、洗碗精衍生的氣味黑名單

多元性化學敏感症患者敘述自己生病的歷程時，往往表示起初是由某種氣味引起發作，而現在每當接觸這種氣味，他們便會犯病。他們通常會接著表示，自從得病之後，引起發作的氣味種類就不斷擴充。奇怪的是，在患者自稱會誘導發作的一連串氣味中，許多卻與最初的氣味迥異。以下為典型的病程發展：X先生的多元性化學敏感症第一次發作時（呼吸急促、心跳加速及頭暈），喬治（Giorgio）香水剛好在場。就如比利時學童聞到可口可樂的硫磺味，及法蘭克福人宣稱瀰漫的大蒜氣味導致身體不適，X先生也將發作歸咎於喬治香水。然而，之後導致X先生發作的氣味已不僅止於喬治香水，還擴及到牛排、蘋果及洗碗精。假使最初讓X先生發作的只有一種氣味，之後怎會衍生出這一批五花八門的氣味名單呢？我和其他幾位研究人員對此棘手問題的解釋是，牛排、蘋果及洗碗精與喬治香水事件有關，因此惡性循環成為氣味黑名單的一份子。

基於這個理論，以下情節說明多元性化學敏感症病程發展的始末。試想X先生在牛排館聞到喬治香水的第一次發作，其實是某個潛在原因所導致的恐慌發作。首先，X先生周圍最特殊最明顯的線索是喬治香水，且香水是化學物質，因此被認為「可能有害」。其次，牛排的氣味也出現在喬治香水事件的情境中，

因此與香水聯結，制約出同樣的負面反應，下次X先生再吃牛排時，恐慌／多元性化學敏感症便會發作。假設X先生在第二次發作時正享用佐以蘋果醬的牛排，結果幾天後當他打算吃蘋果時，卻發現自己呼吸急促了起來。如今，蘋果氣味也能導致發作。不幸的是，吃蘋果前他才剛洗過碗，因此，洗碗精氣味也捲入這一連串連鎖反應中。由於喬治香水、牛排、蘋果及洗碗精的氣味相繼與起初的恐慌「過敏」反應形成聯結，因此都成為多元性化學敏感症狀的發作原因，使氣味聯結的惡性循環變得永無止盡。事實上，某些多元性化學敏感症患者抱怨，任何他們聞得到的氣味都可能讓病情爆發，以致於生活處處受限。

根據一項醫療統計，美國有介於百分之十五至三十的人口，曾抱怨類似多元性化學敏感症的症狀。症狀可能僅止於情緒困擾，也可能嚴重到讓人完全無法從事任何日常活動，端視個別情況。對那些嚴重受病情限制的患者而言，這代表的不只是生活品質降低，還有失去生產力、導致失業、提高保險費用及加重醫療資源負擔。一項研究針對三十五名職業相關的多元性化學敏感症患者進行調查，發現百分之九十七的人改變他們在家以外的行為，絕大多數是相當徹底的改變；百分之九十一的人因此限制旅行；百分之八十九的人與朋友接觸減少；而百分之七十七的人因此辭去工作。[10]有鑑於多元性化學敏感症在社會及經濟層面所造成的龐大衝擊，政府已大力推動相關研究，以瞭解潛在病因及可能的治療方式。一九九七年世界衛生組織（WHO）發表的一份報告指出，瞭解多元性化學敏感症的致病機轉到底屬於心理性還是毒物性，是「至關緊要」的，因為這會「影響關於預防及處理這些身體不適的公共政策與臨床診療」。

嗅覺與情緒之間的「制約」實驗

儘管自一九九七年世界衛生組織呼籲後進行了許多研究，仍未發現多元性化學敏感症有明顯的生理性或毒物性致病機轉。由於欠缺生理學或化學的證據，科學家轉而尋求精神醫學及心理學方面的解釋。結果碰巧發現，大約百分之七十五抱怨多元性化學敏感症狀的人也有情緒困擾，通常是憂鬱或焦慮。

多元性化學敏感症的心理學解釋之一，認為這是所謂身心症（somatoform disorder）的另一種形式。身心症患者會遭受各式各樣的身體不適，感覺生活品質不佳，認為自己的能力下降，持續為了病痛四處求助，也傾向於質疑醫師的判斷。按照這種解釋，多元性化學敏感症不過是個氣味導致的心因性疾病。然而，抱怨多元性化學敏感症狀的人，至少百分之二十五過去不曾有過精神疾病的診斷。誠然，心理因素或許能解釋一些案例，但仍無法全盤說明清楚。因此，詭譎的謎底仍未解開：若不從精神疾病的角度解釋，多元性化學敏感症究竟如何發生？

稍早提及的理論暗示，多元性化學敏感症的致病機轉，就是透過嗅覺與情緒之間的制約（conditioning）。當原本中性的事物，只因同時存在的其他事物帶有「刺激」性質，而變得具有刺激性時，即形成帕夫洛夫（Pavlov）制約。肉塊讓餓犬流涎，若將鈴聲（中性）搭配肉塊（刺激性），經過一段時間後鈴聲本身便承接肉塊的刺激性，因此照樣能讓餓犬流涎。當牽涉到情緒時，我們也能用氣味如法泡製。亦即，將原本中性、無特殊意涵的氣味搭配一個情緒事件，氣味隨後便能代理該情緒事件，而激發與原始事件相同的情緒、想法及行動。X先生將恐慌感搭配喬治香水及之後隨機出現的氣味，事後這些氣味本身便足以激發恐慌的情緒和生理症狀[d]。

我的實驗室曾進行一些研究，探討是否能制約氣味成為情緒的替身，進而代替情緒本身來改變行為。[11]在一項研究中，我們讓五歲的幼童在散發陌生氣味的房間裡，嘗試完成「不可能的迷宮」。迷宮的規則是，沿著一系列同心圓移動侏儒玩偶以抵達中心點，且不得跨越任何分隔線。然而在我們刻意的設計下，這根本不可能完成。幼童努力嘗試了五分鐘，從他們在錄影帶上的臉部表情及話語，可看出他們對自己無法到達迷宮中心點感到非常沮喪。短暫休息後，幼

d｜相較於毒物學解釋的佐證，從心理學角度解釋多元性化學敏感症，並不代表症狀的真實性對患者而言有絲毫減低。

童接著被帶入另一個房間，進行新任務。新任務是在包含一百二十隻動物圖案的紙張上，尋找並圈選出「尾巴不見的小狗」e。這項研究的關鍵操縱變因是，在進行找小狗測驗的房間與進行迷宮的房間，釋放相同氣味、不同氣味，或完全不釋放任何氣味。結果發現，當進行找小狗測驗的房間與進行迷宮的房間釋放相同氣味時，幼童正確圈選出的小狗總數遠少於其他任何狀況下的幼童。即使改變釋放的氣味種類，結果還是一樣。無論周遭氣味為何，只要與「不可能的迷宮」所採用的相同，幼童的測驗結果就不理想。幼童若曾接觸與挫折體驗聯結的氣味，之後再次暴露於該氣味時，就會出現挫折及缺乏動機的行為。

我們對大學生進行同樣模式的實驗，結果如出一轍。12針對大學生設計的挫折情緒體驗，是玩一個非常令人惱怒的電腦遊戲騙局並於最後「輸掉」，同時在遊戲進行的房間內釋放一種陌生氣味。短暫休息後，學生進入另一個房間，裡面釋放與進行令人惱怒的電腦遊戲房間相同或不同的氣味，或者完全不釋放任何氣味。此時，他們必須進行一系列相當困難的字謎。我們記錄學生於放棄之前花在解字謎上的時間，做為評估氣味情緒制約的方式。舉個字謎的例子「log rail」——更動字母的次序，使成為一個單字f。結果發現，在與電腦遊戲房間相同的氣味下解字謎的學生，遠比其他狀況的學生都更早放棄。更確切的說，相較於其他實驗組，暴露於電腦遊戲房間氣味的學生花在嘗試破解字謎上的時

e｜其中包括二十隻尾巴不見的小狗，及二十隻保有尾巴的小狗。

f｜解答是「gorilla」。

間比較短，面對特別困難的字謎時，他們也遠比其他學生更早放棄。挫折及惱怒的情緒與房間氣味形成聯結，進而使學生感覺挫折，出現毫無動機的行為。

心理學有大量證據證明，情緒會影響思考及行為。當我們感到快樂，便會做出快樂的行為：幫助他人，更體貼，更有創造力……等等。當我們感覺不快樂，往往會出現比平常更消極和反社會的行為。人類的嗅覺系統天生就能立即和有意義的資訊形成聯結，這也是為什麼情緒能依附在氣味上，而使氣味引起與原始情境相同的情緒。

消極時感覺聞到的氣味是有害的

那麼，這如何解釋多元性化學敏感症呢？經歷多元性化學敏感症狀的人，起初在某個情境下體驗到焦慮等強烈的負面情緒，伴隨過度換氣等生理症狀，這期間並同時存在一種特殊氣味。由於過度換氣造成二氧化碳與氧氣之間氣體交換不平衡，改變了人體血液的酸鹼值，而導致一連串其他生理症狀，包括呼吸急促、心跳加快、頭暈、發麻、極度焦慮或恐慌。接著，過度換氣所引起的生理及情緒症狀，與當時存在的氣味產生聯結，因此往後光是出現氣味本身，就能引起真實的過度換氣症狀、焦慮或恐慌感。

為了證實這個解釋，比利時魯汶大學的歐瑪・范登貝赫（Omer Van den Bergh）及其同事進行一項研究，讓受試者吸入二氧化碳以造成過度換氣，同時釋放某種氣味到空氣中，之後再檢查氣味本身所引起的呼吸反應。研究人員發現，經過二氧化碳引發過度換氣的聯結之後，受試者一旦接觸相同氣味便又開始過度換氣。此外，初次聯結建立後，針對相同氣味的反應至少可持續一週。有趣的是，研究採用了數種氣味，但並非所有氣味都能制約出過度換氣反應。**唯有受試者不喜歡的氣味，例如阿摩尼亞或丁酸，才能與害怕及恐慌的生理症狀聯結**。像橙花等花香氣味，屬於中性或宜人的氣味，就無法制約出恐慌症狀。另一項有趣的發現是，相較於非神經過敏的受試者，被歸類為「神經過敏的」受試者對過度換氣制約更為敏感。亦即，**消極看待人生的受試者，較容易在意身體感覺及擔心自己的健康**，這是多元性化學敏感症患者常見的人格特質，使他們特別傾向於將不舒服的生理症狀與氣味聯結在一起。[13]

儘管充分證據顯示多元性化學敏感症是一種心理疾病，公共政策卻極力抨擊所謂的氣味「毒性」，而不處理潛在的心理學議題。加州有好幾個市鎮及社區，在公共場所明文禁止塗抹香水等化學物質，美國許多其他地區也制定了類似的政策。然而，最嚴厲看待氣味危險性的，莫過於加拿大新斯科夏省哈法斯市（Halifax, Nova Scotia），當地竟然規定公共場所塗抹香水是違法的。實行這條法律最荒謬至極的兩個事件，甚至上了加拿大全國新聞。其中一個事件發生於某位急診護士，她在沖完澡及抹完香粉後馬上趕至急診接班，卻被命令必須回家再次沖澡才能重返工作崗位，因為別人聞得到她身上的香粉或沐浴用品氣味。另一個事件是，某位年長女性因塗抹香水而不得乘坐公車。雖然有些氣味對某些人來說可能具有毒性，但相較於從氣味習得負面聯結的人數，這種情況還是相當罕見。不過對政府而言，對付氣味似乎比對付心理學容易得多。

佛洛伊德的鼻子與性理論

和任何其他感官體驗比起來，嗅覺與情緒的關係無疑是更密切的。因此，人們不禁期望氣味也能有效運用在心理治療的實務上。的確，某些備受敬重的心理治療師曾在診療椅上使用過香氣。氣味運用在心理治療的主要用途之一，是幫助人們克服焦慮。比如，讓人聯想到平靜感的氣味，就可用來幫助人們放鬆。英國在臨床實務上的成功範例，是「瑪拉提瑪」（maratima，亦即海洋的氣味）。但是請注意，這只在對海洋氣味具正向及平靜的情緒聯結的人才管用，這個賭注在英國幾乎是十拿九穩的。但若對海洋氣味有負向聯結，瑪拉提瑪就英雄無用武之地，甚至會刺激海嘯倖存者的創傷後壓力症候群發作。**情緒與氣味**

之間的聯結源自個人經歷而無法預期，由此可知，氣味所引起的到底是愉悅抑或痛楚，則每個人不盡相同。

談到心理學及心理治療，就不能不提佛洛伊德（Sigmund Freud）。佛洛伊德曾有段時間認為，人類的嗅覺，尤其鼻子部位，與性息息相關，也與患者所顯露的心理徵兆關係密切。雖然有失公允，但為了簡短概述方便，佛洛伊德將患者所表現的失常行為及情緒問題統稱為「精神官能症」（neuroses）。佛洛伊德認為，患者潛意識地壓抑本質與性相關的童年回憶及衝突，而導致精神官能症。佛洛伊德採用精神分析，這種療法的任務是找出導致精神官能症的壓抑所在，並使壓抑的內容浮上意識層面，讓患者可以面對並解決問題。然而在某些狀況下，以身體治療釋放壓抑被認為是必要的。此時，該是維亨・佛萊斯（Wilhelm Fleiss）上場的時刻了！佛萊斯為德國耳鼻喉科醫師，佛洛伊德在職業生涯早期與他過從甚密。佛萊斯狂熱地相信，鼻子與生殖器（性）相連，而此連接失常就是導致精神官能症的主要病因。這個見解配合醫療專業訓練，使佛萊斯斷定佛洛伊德的患者可藉由鼻子手術達到痊癒。於是乎，佛洛伊德偶爾會轉介患者到佛萊斯那兒，在古柯鹼麻醉下接受鼻腔手術，以治療精神官能症。當時，佛洛伊德及佛萊斯皆沉迷於古柯鹼。然而，佛洛伊德與佛萊斯的交情，以及針對精神官能症的鼻腔治療，都隨著愛瑪・艾克斯坦（Emma Eckstein）的悲慘手術戛然而止。

佛洛伊德與佛萊斯成為密友五年後，二十七歲的艾克斯坦小姐因受苦於與月經週期相關的腹痛及輕度憂鬱等模稜兩可的症狀，而求助於佛洛伊德。如果在現代，愛瑪會被診斷為經前症候群（premenstrual syndrome; PMS）。不過依照佛洛伊德的診斷，愛瑪罹患了「鼻反射性精神官能症」（nasal reflex neurosis），因此將她轉介給維亨．佛萊斯。佛萊斯摘除愛瑪的鼻甲骨，也就是構成鼻子的形狀及結構的骨頭。手術簡直是場災難，感染在術後立即爆發。受託前來支援的另一位外科醫師發現，佛萊斯在愛瑪的鼻子裡留下一塊紗布。驟然將紗布取下導致的大量出血，嚴重得差點讓愛瑪流血至死。愛瑪是活下來了，但卻永久毀容及失去嗅覺。令人震驚的是，愛瑪始終與佛洛伊德保持友好關係，本身也成為精神分析師。而佛洛伊德直到許久後才跟佛萊斯斷絕友誼，原因是佛萊斯指控他剽竊其理論，佛洛伊德當時下令將他們的通信全數銷毀。拿破崙的姪曾孫女且本身也是精神分析師的瑪麗．波拿巴（Marie Bonaparte），買下他們來往的信件阻止銷毀，我們因此能得知這齣悲劇。

某種程度上，由於佛洛伊德遺留下來的理論，嗅覺被譽為最性感的感官，而歷史上某些氣味也被視為擁有催情魔力。下一章將告訴你，如今夢寐以求的春藥身價上億，雖然從未靈驗，卻絲毫不減其魅力，人們仍前仆後繼持續尋覓。

受制約的性慾

不只佛洛伊德，其他心理學家也注意到性戀物（sexual fetishes）與氣味之間的關聯。知名的英國心理學家哈夫洛克．艾理士（Havelock Ellis, 1859-1939）曾敘述，一位迷戀皮革氣味的年輕女患者，只要有皮革物件就能達到高潮，特別是對皮革包覆的橫板，以及在皮件商店時。艾理士追溯到，患者在特殊皮革氣味下自慰的早期經驗，即其戀物的起源。由於過去的體驗將高潮與皮革氣味聯結，她的高潮便受皮革氣味制約，因此每當嗅到皮革，這位女性就能自然達到全然忘我的性高潮。此極端例子說明，氣味如何能夠透過情緒聯結，操縱我們的心智及軀體。

第5章

氣味與性

Scents and sensuality

第一次聞到我丈夫的那一刻，
我就知道自己會嫁給他。
——伊絲泰勒．坎本尼，1995年

對氣味著迷到靠鼻子決定終身大事

我們最初結識時，一邊喝著咖啡，一邊聊著尋常的女人話題。當發現她對人生某個奧妙且私密的面向有著特殊認識時，我們便成為好友。過沒多久我就得知，伊絲泰勒對氣味著迷到，靠鼻子決定終身大事的程度！她透露：「第一次聞到我丈夫的那一刻，我就知道自己會嫁給他。我向來對氣味熱中，但這次截然不同，我真的覺得他好好聞。他的氣味帶來安全感，又同時讓我激情……而且我指的是他真正的體味，並非古龍水或肥皂的氣味。過去從來沒有任何男人的氣味帶給我如此強烈的感受，我知道自己非他莫屬，而事實也是如此。如今我們已結婚八年，有了三個孩子，感情生活仍然美好，他的氣味對我來說還是非常性感。很奇妙，不是嗎？認識哈利前，男人的氣味常讓我性致全失，可是這無關乎洗澡與否。」我答道：「我也這麼想。」伊絲泰勒繼續說道：「其實我認為有沒有洗澡並不重要，不是嗎？但這到底意謂什麼呢？」

這意謂，人體化學（body chemistry）之於我們舉足輕重，決定什麼樣的人對我們具有性吸引力，並讓**嗅覺向心靈發出信號，即使信號似乎如耳語般微弱**。

起碼打從古埃及時代，人類便開始用氣味裝飾自己以增加吸引力。然而，如此費心將香料、花朵及植物的香精抹在身上，其實只是多此一舉，因為人體本身的天然氣味遠比翠苑馨香更具吸引力。許多文化認同，氣味、情感與性之間關係非比尋常。**「親吻」這個字眼在印度兼具氣味的意思**，而伊努特人(Inuit)通常彼此磨蹭鼻子以示親暱，反倒不嘴對嘴親吻。新幾內亞某一部落的族人，說再見的方式是將一手放在對方的腋窩內，然後用同一手摸自己全身上下。另外，伊莉莎白時代情人們交換「愛之蘋果」的場景，如今仍不時傳述，當時的女性將蘋果削皮後，放在腋窩裡浸透汗水，再交給心上人做為氣味信物。可可·香奈兒(Coco Chanel)曾說：「不擦香水的女人沒有未來！」但我認為她錯了。人類的「真實氣味」對彼此的吸引力，才是性愛及成功繁衍後代所不可或缺的。

對肉體或心靈出軌的傾向來自基因設定？

大多數人不像伊絲泰勒那樣信任自己的鼻子，也不容許光靠氣味就決定終身大事。但每個人，尤其女人，在做某些人生最重大的決定時，始終相當仰賴鼻子；特別是決定要跟誰繁衍後代時。認為情人讓你「來電」或「不來電」的感覺，彷彿是直覺，但其實你的鼻子明白，那千真萬確。

當女人發覺男人的氣味芳香或難聞時，有個十分重要且有益身心的活動正悄然進行。男人也能調整自己的頻率，來接受女人重要的氣味信息，然而當牽涉到性吸引力時，他們傾向於依靠自己的眼睛而非鼻子。稍後將於本章討論的費洛蒙，與這反而沒什麼關聯。這個現象是完全關乎人體化學，其重要性主要源自演化生物學。

在演化理論的原則下，每一個體的終極目標，就是確保自己的基因組成盡可能在後代身上完整及廣泛地重現。換句話說，就是去繁殖。在生物學的角度，對你而言最好的結果，就是你的特徵（基因）比你鄰居的更普遍存在於目前及未來的世代中。這正是「適者生存」，而想成為「適者」的本能就是驅使我們生兒育女的原始動力。但男人與女人生而不等，因此在繁殖及養育子女上付出的成本或取得的利益不盡相同。於是乎，大自然對情場上的男女，分別賦予不同的興趣及目標[a]。

如同其他哺乳類，談到生兒育女時，女人「投資」的總是遠比男人多。除懷胎九月期間需增加約百分之四十的能量消耗外，在尚未發明配方奶的年代，母親生產後還有至少一年的時間不能再度懷孕，否則她將無法哺乳而讓寶寶餓死。另一項限制是，女人每次只能從一個男人那兒受孕。為此，女人得投入至少兩年的人生，及重要的生理心理資源，以確保來自唯一男人的孩子是健康的。接著，再投入至少十三年左右的人生，照顧孩子到有生育能力為止。儘管這些都

a｜演化原則僅關注基因繁殖，以及其對於人類行爲的影響，因而未將同性戀或從事神職等無生殖功能的活動列入考慮。

是龐大的成本，女人的成就衡量標準卻與男人毫無差異，也就是，她能生育多少健康且具生育能力的孩子。雖然世界紀錄上，同一名女人生產子女的數目為六十九人（其中大部分為三胞胎），但實際上十次生產已是極限。1

相形之下，男人幾乎不用承擔任何生理成本，只消幾分鐘的時間進行性行為。再者，男人具備數百萬不斷補充的精子，因此可同時擁有眾多具生育能力的性伴侶，而某些男人也真的這麼做。嚴格來說，唯一限制男人的技術問題，是一天只有二十四小時。據說，中世紀摩洛哥嗜殺的暴君穆萊伊斯邁君主（King Moulay Ismail），跟他後宮的女人生了八百多個小孩。2但這當中埋藏著一個圈套，在基因檢測出現之前，即使是自大狂的男人，也無法百分之百肯定眼前的孩子確實是自己的。男人必須信任幫他生小孩的女人忠貞不二，以確保自己千真萬確是爸爸。然而對女人而言，孩子從己身所出，毫無疑義。因此，當女人從事生育，她清楚投資的是自己的基因體。而男人面臨的挑戰是，該不該將資源交付到可能欺騙他的女人手上，及扶養可能並非己身所出的孩子。男女之間的這項根本差異，以及此原始難題的演化原則，是人類許多最低劣層次行為的生物根源，包括嫉妒、虐童及殺害配偶。3

下次與男性及女性朋友聚會，你就可以見證兩性情感奉獻背後的原始推力，以及「戰神瑪爾斯」與「愛神維娜斯」所考量的優先順序。若你願意挑戰，可以請每位朋友思考，以下哪種「假設」情況讓他們感到比較嫉妒：你的伴侶／男（女）朋友／配偶剛向你坦承，她／他在上次出差時與另一個人發生了性行為，但他們之間沒有感情；或者你的伴侶／男（女）朋友／配偶剛向你坦承，她／他深深愛上了另一個人，但他們之間沒有發生性行為。

事實上，密西根大學的大衛．布殊（David Buss）及其同事曾進行一項研究，讓男人及女人在這兩種情境中做選擇。結果發現，大部分男人認為情境一比情境二糟糕，而大部分女人認為情境二比情境一糟糕。[4]我曾在課堂上對學生非正式地測試這兩種情境，也得出相同結果。所以，要是你的朋友沒撒謊的話，他們的答案應該也大同小異。這些對情感忠誠度及性忠誠度的原始情緒反應，乃受我們核心的生物本能所驅使，這項本能為兩性分別界定了不同的難題及考量。情境一顯露不貞的跡象，並警示你與伴侶正投資的孩子可能根本不是你的；反之，情境二顯示奉獻給你與孩子的情感受到威脅，所有隨之提供的資源、保護及援助都將化為烏有。

由於協助母親養育兒女為母子同時帶來莫大的好處，因此關於異性吸引力的傳統研究推測，女人在男人身上搜尋的首要特質，是得以勝任保護者及供養者的象徵，代表能夠照顧她及確保她的子女成功存活。這年頭傾向以身分地位做為「供養者」指標，例如男人所開的轎車廠牌，他的工作，他的存款金額多寡。

相對地，由於男人可能使無數女人受孕，但實際上也可能沒有使任何人成功受孕，因此對男人來說，最有利的策略就是尋找看起來有生育能力，且樂意接受他的女人。其中的關鍵詞是「看起來」，因為女人的身體被視為有魅力的普世特徵，其實都與生殖能力密切相關，例如閃亮動人的髮絲、潔淨的皮膚、明眸皓齒、約七比十的腰臀圍比等等。為了在演化上贏得最大勝利，讓未來子嗣承接最多自己的基因，按照生物原則男人應該物色美貌的年輕女性，而女人應該尋覓「凱子」。大批調查數據支持這項理論，認為女人受富有及具權勢的男人吸引，而男人則對漂亮的妙齡女子感興趣。**不過，所謂男人追求擁有美好體態的人，女人追求擁有宏偉名望的人，這老掉牙的二分法總讓我覺得哪裡不對勁。**

你獨有的免疫基因形成專屬的氣味指紋

我的推論是，雖然身旁有好的供養者，會增加孩子茁壯成長至為人父母的可能性，但這遠不如孩子天生健康來得重要。因為若要存活及具有生育能力，沒有什麼比健壯的體質更重要了。所以，女人為孩子物色父親時，首要考量的特質該是什麼？女人最應看重的不是法拉利跑車，也不是總裁職位，而是透露男人天生健康體質的線索。

還不久前，孱弱多病的孩子，尤其若出生於窮苦人家，根本無法活著慶祝自己的十三歲生日。免疫系統負責抵擋病魔，而基因決定我們隱性帶原但不發作的疾病。因此，是否戰勝結核病，或不幸生而患有囊腫性纖維化，完全取決於免疫系統及我們所遺傳到的基因。既然女人竭盡所能增強孩子存活及具備生育能力的可能性，她應該會想尋找一個具有健康免疫系統的父親，**更重要的是，一個免疫系統與她互補的父親**。

跟免疫系統基因類似自己的人生育兒女，會加倍孩子遺傳到隱性基因的機率，等於是讓孩子冒著生病的風險，在還沒熬到有生育能力之前可能就已經喪命。不正常的脂質新陳代謝症（Tay-Sachs Disease）b及囊腫性纖維化，就是這類致命疾病的實例。相反地，若將你的基因跟免疫系統與你相異者的基因混合，便比較能預防孩子得病，也不會罹患那些討厭的隱性遺傳疾病。換句話說，孩子存活及生育後代的機率都將因此大幅提升。由此可知，在自私的基因驅動下，女人最重要的生物目標，應該是找到免疫系統異於自己的健康男子。可是，女人怎麼知道男人的免疫系統跟自己的像不像呢？

每項生物特徵同時具有內在的基因表現，稱為基因型（genotype，如決定瞳孔色彩的基因），以及基因的外在生理表現，稱為表現型（phenotype，如你的藍色眼睛）。我們的免疫系統由一組稱為主要組織相容性複合體（major

b｜一種體染色體隱性遺傳疾病，患者先天缺乏某種酵素，因此影響神經細胞的代謝，導致神經系統逐漸退化，可致早夭，多見於東歐系猶太人中。

histocompatibility complex, MHC）的基因所編碼。主要組織相容性複合體所包含的基因共超過五十種，彼此密切相關，且均位於同一染色體上。另外，主要組織相容性複合體基因是自然界最變化多端的基因。事實上，除同卵雙胞胎外，每個人的主要組織相容性複合體基因組合都是獨一無二的。**你獨特的主要組織相容性複合體基因串，就是你免疫系統的基因型，而這串基因的表現型，即免疫系統基因的外在表現，就是你的體味。**[5]主要組織相容性複合體基因決定每個人獨特的免疫系統及氣味指紋，而你的氣味指紋就像指紋一樣舉世無雙。這解釋了警犬如何藉由逃獄者的襪子氣味循跡追蹤，而不致於誤追郵車四處跑。**唯有同卵雙胞胎無法經由體味區分**，他們的基因百分之百相同，如果又吃一樣的食物，即使世上最靈敏的狗鼻子也沒輒。

和小白鼠一樣避免近親繁衍的人類

為了讓人類更了解自己，求助於其他動物往往是好辦法。研究發現，除主要組織相容性複合體基因有些微變異外，基因完全相同的小白鼠，會優先選擇在這些基因變異位置呈現不同型態的對象交配。小白鼠根據體味下此決定，而且是由雌鼠進行這些氣味取向的抉擇。

然而人鼠之間，是否真有天壤之別？從來沒有同卵雙胞胎育種實驗能通過人體試驗的倫理標準，但事情碰巧就這麼發生了！拜北美洲的哈特教派信徒（Hutterites）所賜，我們有幸一窺天然情境中的真實人生試驗。現今居住於美國的哈特教派信徒，來自西元一五二八年於提洛爾林阿爾卑斯山（Tyrolean Alps）成立的再洗禮派（Anabaptist）宗教團體。由於宗教迫害，此教派被迫於歐洲各地不斷遷徙，最後在一八七〇年代，約莫四百名信徒跨越大西洋，逃至現在的南達科塔州區域定居下來。原先的四百名信徒，後來分別組成三個集體農場，於三處聚居地各自生活。

這三處聚居地的創始信徒，就是如今共超過三百五十個哈特教派家族的祖先，這些家族擴及達科塔區域、明尼蘇達州及加拿大西部。哈特教派生活的重要特色是，他們自律的避免與北美洲主流文化交流，特別是在兩性混合的社交中有著嚴格的傳統[c]。

當哈特教派的女孩邁入青少女階段，便與同齡的姐妹們在同一家族的其他家庭裡度過夏季。其餘時間，她們也持續拜訪這些家庭，協助農莊雜務及其他家事。那些被拜訪家庭的男孩，則仍待在自己的家裡。於是，青少年們透過這種兩性混合的交流，湊出未來的婚姻配偶。令人震驚的是，儘管同一家族內近親通婚的夫妻擁有十分相似的基因，隱性遺傳疾病並未猖獗蔓延。相反地，健

c｜當代的年輕信徒，可能不如家族長老們期待般嚴格遵守這項傳統。

康的寶寶才是常態。在極為有限的婚配選擇下，哈特教派信徒究竟是如何避免「近親交配」（inbreeding）的呢？

芝加哥大學的遺傳學家卡蘿．歐博（Carol Ober）研究哈特教派信徒多年，發現他們的婚配選擇並非隨意而為。近親通婚下的這些夫妻，彼此擁有家族內最不同的主要組織相容性複合體，這樣的巧合遠遠超乎浪漫邂逅所能解釋的程度。也就是說，即便已將年齡及其他社會因素納入考量，來自甲家庭的姐妹，最後仍會跟主要組織相容性複合體基因與她們最不同的乙家庭的兄弟共結連理。而且，哈特教派信徒似乎是靠鼻子辦到這檔事的。6

在體味的國度裡，沒有所謂的布萊德．彼特！

瑞士伯恩大學的動物學家克士．魏德（Claus Wedekind）及其同事，將主要組織相容性複合體與體味吸引力之間的謎團帶入實驗室，針對女人根據男人體味選擇性伴侶的假設，及此現象與主要組織相容性複合體的關聯性，驗證其真實性。7為了進行這項實驗，研究人員分析一群年輕男女的主要組織相容性複合體基因，請女性受試者根據體味選出她們覺得最性感的男人。這項研究的男性受試者連續兩夜穿同一件棉汗衫睡覺，嚴格遵守固定的沐浴時程，並且在穿著棉汗衫時必須避免進行產生「干擾氣味」的活動，例如飲酒、食用洋蔥及從事性行為。經過這四十八小時的清規戒律後，研究人員收集棉汗衫，分別放在完全相同的瓦楞紙箱內。接著，讓每位女性受試者聞六具紙箱所散發出來的氣味，再指出哪具紙箱／哪件汗衫聞起來最性感及最討人喜歡。針對每位女性受試者，其中三具紙箱來自主要組織相容性複合體基因與其最相近的男性受試者，另三具紙箱來自主要組織相容性複合體基因與其最不同的男性受試者。

魏德發現，女性受試者一致挑選主要組織相容性複合體基因類型與自己最不同的男性受試者，也就是免疫系統與自己差異最大的男性，認為其汗衫聞起來最為性感及討人喜歡。由於免疫基因互補的生物性優勢，不單是健康的免疫系統所能完全取代的，這暗示在體味的國度裡，沒有所謂的布萊德·彼特（Brad Pitt）！我們各自擁有不同的主要組織相容性複合體基因（及體味），所以對每位女人而言，各有一組男人聞起來是美妙的，也各有另一組男人因其體味而不具吸引力。我覺得芳香襲人的男子，女性摯友卻可能對其不予理會或甚至厭惡。

讓男女一拍即合的，其實是人體化學，我們獨一無二的體味化學。

魏德的發現似乎明確指出，只要適當的基因類型及淋浴，男人就能讓遺傳上與他最相配的女人一見傾心。但魏德的研究還有另一項發現，足以混淆這精巧的設定。結果顯示，唯有未服用避孕藥的女人，才會覺得擁有「不同」主要組織相容性複合體的男人體味最性感。相反地，**服用避孕藥的女人則傾向於覺得，基因與她們最類似的男人體味最好聞**。這是為什麼呢？

避孕藥模擬懷孕時期的荷爾蒙狀態，而在懷孕期間，女人對威脅及危險的抵抗力較弱。爲獲得保護，在家人身旁會比在陌生人身旁保險。於是有人推測，懷孕或「荷爾蒙模擬懷孕」的女人，其生物本能傾向於尋找擁有類似基因的男人，因為他們或許比較能提供保護。

藉由從齧齒目動物所觀察到的奇特現象，也就是所謂的布魯斯效應（Bruce effect），上述想法進一步得到證實。當懷孕雌鼠嗅到的微弱氣味，並非來自胎兒父親而來自「陌生雄性」時，雌鼠便自然流產，此即布魯斯效應。雖然短期來說不利於生殖成就，但雌鼠卻能馬上跟新加入的雄鼠繁殖後代。反正即使胎兒沒有流產，一旦她生出幼鼠，很有可能還是會被那陌生雄鼠吃掉。目前尚無文獻記載，女人在無親屬關係的男人出現時自然流產的現象，也沒有相關資料可供參考。然而，不禁令人好奇，某些宗教團體隔絕懷孕女人遠離社交群體的傳統，難道是根據孕婦與許多非親屬男性來往流產率較高的可能性嗎？繼父啃食幼子的殘忍行徑，當然不在人類舉止的正常範圍內。但是，非血親父親所犯下的虐童案件比例，的確比血親父親要高。[8]

心理學影響演化，基因影響性傾向？

那麼，這套氣味感應與基因辨識系統如何運作呢？是腦內某個原始部位，潛意識地指示我們遺傳上合適的交配對象嗎？抑或某個更心理層面的因素，影響女人偏愛體味暗示基因與其互補的男人？儘管這些疑惑仍無法解開，目前的證據顯示生物學及心理學都扮演一定的角色。

巧合的是，女人的嗅覺優於男人，但只在月經週期中可以受孕的那幾天內。至於月經週期的其他時段，她的嗅覺敏銳度並未勝過男人，而月經來潮時甚至比男人更糟。女人的最佳嗅覺敏銳度與短短幾天受孕期同時發生，這可不是意外，畢竟受孕期是她需要嗅出遺傳上最佳配偶的要緊時刻。

然而，生物決定論也可能被完全顛覆。稍早曾提及，若有機會選擇的話，小白鼠會挑基因相異的對象交配。但佛羅里達大學的達斯汀·潘（Dustin Penn）及韋恩·帕茲（Wayne Potts）非常質疑，這行為背後是否真有天生的生物感應機制。[9]潘及帕茲發現，如果讓小白鼠和基因相異的非同胎手足飼養在一起，之後讓小白鼠在以下兩者間選擇配偶：非同巢飼養但基因相似的真正同胎手足，或同巢飼養但基因相異的非其同胎手足，則小白鼠會選擇前者。亦即，小白鼠擇偶時在主要組織相容性複合體基因上犯了錯，雖然這麼做可以避免與體味相似的小白鼠交配。換句話說，牠們的擇偶反應是根據經驗，因此是心理學而非生物學的範疇。難道人類偏愛基因相異而體味不同的配偶，其實也源自於對熟悉氣味的避諱？不論是否真有血緣關係，女人只因男人聞起來像「親人」，而避免選擇他們做為配偶嗎？雖然目前尚無人類的研究直接驗證這項假設，但釐清這些問題將會很有意思，可以瞭解亂倫禁忌與這種氣味避諱之間的關係，也可探討對養子養女而言誰較有性吸引力，是來自領養家庭擁有熟悉氣味，但主要組織相容性複合體基因相異的家人，還是來自血緣家庭擁有較不熟悉氣味，但主要組織相容性複合體基因較相近的家人？

主要組織相容性複合體的互補性，以及這在演化上有助於生存的主張，建立在性行為之主要目的乃繁殖而非愉悅的理論基礎上。所以無生殖功能的性交，比如男同性戀及女同性戀性交，就不適用同樣定律。但事實當真如此嗎？雖然在男同志及女同志對體味的性反應方面，目前瞭解甚少，最近莫乃爾化學感官中心進行的一項研究發現，男同志對於男同志汗味的偏好，勝過對異性戀男性或女性汗味的偏好。10這項研究的受試者並不知道，他們所聞的氣味來自同性戀者、異性戀者，抑或男性、女性。這項結果顯示，同性戀者與異性戀者的腋窩分泌物一定有若干差異，且對於腋窩分泌物的偏好乃根據性取向的某樣生物表現。無論物種演化的終極目的為何，在愉悅及生存兩層面，對於他人的氣味偏好似乎都是性吸引力的重要驅力。

基因讓我們偏好某些香水來強化體味

體味具有的重大意義如何解釋報刊及調查資料所揭露，唐納德川普（Donald Trumps）等鉅富吸引年輕迷人女性的現象呢？富有是否比「好聞」佔便宜呢？為了回答這個問題，我的實驗室進行兩項大規模調查，詢問年輕女性決定男性能否成為其戀人時，對長相、體味等各種生理因素及財力、智力、進取心等社會因素所重視的程度。結果發現，在所有生理特質中，女性評比男性的氣味為性吸引力最重要的決定因素。我們同時發現，體味之所以脫穎而出，並非由於女性被動地迴避難聞的男性，而是由於女性熱情積極地尋覓聞起來令她們舒服的男性。一位應答者表示：「對我而言，男人若聞起來令我十分愉快，關於他的其他事物也就微不足道了！」

這段陳述同時指出，關於男性的體味魅力，有項令人擔憂的生物發現。事實上，女性不太有辦法區分真實體味與香水氣味。換句話說，Axe香水廣告可非空穴來風。如果對某位女性來說，一位男性的氣味好聞，那麼無論氣味出自何處，她都會受到吸引。辛西亞．葛拉漢（Cyn-thia Graham）博士仍任職於金賽性學研究所d時發現，一種熱賣的男性古龍水可以激發女性的性幻想並強化女性的性慾，證明香水對女性而言的確是強力春藥。

男性能從商店輕易購買香水之所以令人擔憂，是因為這意謂，藉由「虛假的」絕妙氣味，就生物層面不具備合適交配條件的男性可以哄騙女性愛上他。一旦形成愛戀的聯結，即使男性洩露了真實體味，女性也不太可能與其愛戀的客體就此分離。這是因為所有環繞著戀人的正向情感都會與其氣味聯結，之後氣味因為與戀人有關便產生了吸引力。（有段時間我曾因當時的男友在自行車維修廠工作，而偏愛齒輪油的氣味。）然而，男性以香水掩飾體味而釋放的性吸引力，對生物遺傳並不全然是威脅。最近一項研究發現，人們對特定香水或古龍水的偏好，與其本身的主要組織相容性複合體類型有關。11也就是說，主要組織相容性複合體類型相似的男性，較有可能挑選同樣的古龍水來使用。**我們選擇的香水也或許強化了自己體味的某些部分，因此古龍水可能並非完全掩飾男性的體味，而是模擬或凸顯之。**

墜入愛河不僅讓愛戀的客體變得更加芳香迷人，甚至還能改變你的嗅覺。佛羅里達州立大學的克麗絲．福勒（Christie Fowler）及其同事發現，有一種大草原田鼠，當雄鼠看到雌鼠時，嗅覺皮質會額外增生神經細胞。因此，大草原

d｜金賽性學研究所（Kinsey Institute）隸屬於印第安那大學，在人類性學、性別及生殖等領域，倡導跨科技的研究，並提供相關獎學金。

田鼠雌雄配偶的結合，可能是根據對氣味的性別銘印（sexual imprinting）「你就是我會愛上的氣味」。類似的機轉也能對其他哺乳類發揮作用嗎？甚至是人類？確實，男性與女性皆表示，曾藉由聞舊情人的未洗衣物，喚起關於對方的回憶。依此看來，**人類似乎也會用嗅覺構築情人的模樣。**12身兼腦部情緒核心及嗅覺中樞的杏仁核，在人類看到愛人時，活化的程度遠比面對朋友時強烈。我在神經影像方面的研究也顯示，人類杏仁核對愛人的氣味會比對好友的氣味反應激烈。

但富有的男性又是怎麼一回事？我們的調查發現，女性在選擇戀人時，對財力及進取心的重視程度大於男性。這要如何用體味來說明呢？富有是否真能讓人聞起來更加芬芳？

健康的免疫系統，好聞的體味

難聞的體味是各類疾病的徵兆，在尚未發明血液檢驗及其他體內檢查之前，醫師通常仰賴鼻子來診斷疾病。**根據鼻子的醫學診斷，斑疹傷寒聞起來像老鼠窩，糖尿病像水果，瘟疫像爛蘋果，麻疹像剛拔的羽毛，黃熱病像肉舖，腎衰竭則像阿摩尼亞。呼氣若有丙酮氣味，也是糖尿病的徵兆。**某些藥物，例如治療器官移植接受者、精神分裂症患者及後天性免疫不全症候群（AIDS）患者的藥物，也會讓體味或口氣變得難聞。但人體散發的氣味所具有的某些特質，並不僅意味著特定疾病。科學發現，一般而言令人愉快的體味，與擁有健康的身體互有關聯。這是由於另一項生理特質，即對稱。對稱指的是，人體具有兩部分的生理構造彼此大小相等。如果你的左右耳、左右眼、左右手腕及左右腳大小完全一模一樣，你就是非常對稱的，而若其中有一個以上的部位左右大小不同，你就比較不對稱。

對稱不只是健康狀況的信號，也是魅力的典型特質。不論性別相同或相異，都認為較對稱的面孔比不對稱的面孔更有吸引力。蘭蒂．陶希爾（Randy Thornhill）及卡爾．葛拉莫（Karl Grammer）對這個現象特別感興趣，因此於任職維也納大學期間共同研究，結果發現對稱的人比不對稱的人更健康。[13] 然而，你左右腳的大小與健康狀況何干呢？

他們的解釋是，身體構造的對稱，代表生長期間對寄生蟲及其他生物侵襲有較強的抵抗力。成長中的胎兒，也許因為母親的經歷而必須遭受各種身體損傷，涵蓋範圍從病毒及細菌感染，酒精或藥物中毒，乃至於營養不足或身體虐待。免疫系統越強健，身體就越有能耐抵抗疾病及維持健康。這項理論主張，俊美的身體，特別是對稱的身體，象徵人們身體健壯，能夠抵擋威脅健康的傷害。反之，沒有魅力的人之所以缺乏吸引力，可能部分是因為在早期生長過程中，免疫系統不足以避開或沒能充分抵抗那些威脅健康的傷害。儘管我們可能認為，所愛的人不論長什麼模樣都一樣美麗，研究卻顯示，美麗不僅止於觀看者的目光，更代表健康、強健、生育力等一致的身體特性。因此，若你是美麗及對稱的人，那麼很有可能你也是健康且擁有強悍免疫系統的人。尤其有趣的是，對女性而言，對稱的男性通常擁有比不對稱的男性更好聞的體味。因此一般來說，**好聞的體味代表健康及魅力**。

透過許多探索及聯結，我發展出一套符合當前研究的解釋方式，可以說明富裕成功與擁有宜人體味之間的關聯性。平均而言，富裕成功的男性比失敗的男性健康，因為要是不斷受病魔糾纏，將很難成功。再者，整體健康狀況良好的男性，在外型及體味上的吸引力，往往勝過健康狀況較差的競爭者。這並不必定意謂，唐納德川普的主要組織相容性複合體類型與名模梅拉尼雅·克諾斯(Melania Knauss)最相配，但可想而知，川普剛淋浴過的氣味應該是比失業中心某位同齡的仁兄要好聞吧！富有的男性好牌在握佔盡優勢，能夠玩的把戲更多。

這一切也不代表，男性不認為女性的氣味有吸引力。我們的調查發現，男性對女性氣味的重視程度僅次於外貌，並勝過嗓音或皮膚觸感。十五世紀由男性撰寫的印度教性愛手冊《印度愛經》（*Kama Sutra*），同樣頌揚女性的氣味，並聲明女性之美不在外貌，而在於其所散發的氣味。得自印度教經典著作的啟示，任職於全球五大氣味化學聖殿之一，國際香料香精公司的當代印度化學家摩克吉博士（Dr. Mookergee），試圖捕捉美麗女性的氣味，以瞭解她們的體味有何特出之處。摩克吉博士使用一種稱為「活花」（Living Flower）的特殊技術，捕捉花朵或人體所散發的氣味分子，並加以分析。結果發現，大多數美麗女性散發的氣味如花朵般芬芳，尤其像蓮花及棉花花蕊。將美麗女性比喻成花朵的說法，可能的確具有現實依據。

避孕藥讓妳本能召來波瀾不斷的婚姻？

潔西卡．羅斯向我透露，羅患嗅覺缺失症的後遺症之一，就是再也無法聞到丈夫的氣味，這也是導致她情緒困擾的主要原因。她對丈夫的親近感，在他懷中的舒適感，都與他的氣味息息相關。「丈夫對我的吸引力之一，是他美妙性感的氣味。而今我聞不到他的氣味，就不再能感受到他的吸引力。這也使我想和他親熱的慾望大大減少，我就是無法像從前那樣愛他了！」

基因、體味與性吸引力之間的聯結，除了對於生育健康後代及繁殖能力有生物學上的重要性外，也同時具有深刻的社會意涵，而現代生活卻可能將這一切搞砸。首先，男性可以藉由噴香水為自己做「不實廣告」；其次，服用避孕藥的女性所偏愛的氣味，通常來自基因與自己相似的男性，也就是生物學上較不合適的男性。這些因素揭露一個問題：是否避孕藥會混淆女性擇偶，使她們傾向選擇基因與自己太過類似的男性，導致生育失敗？**避孕藥所誤導的氣味印象，是否最終也會招致婚姻不穩定**？取自不孕症診所的病歷資料顯示，主要組織相容性複合體基因越類似的夫婦，受孕的困難度就越大。生育問題是否會造成壓力，而使婚姻波瀾不斷，這取決於夫婦間的動力關係及共識。但避孕藥還有另外一種機轉，也可能暗中破壞婚姻幸福。

丹尼絲凝視前方，嘆氣的同時向精神科醫師坦承：「能說什麼呢，我知道我們已經結束了，他做的每件事都讓我惱怒。以前每當我生他的氣，他只要將我擁入懷中，讓我感到安心，一切就沒事了。如今我完全不想靠近他，擁抱他最是痛苦。我**就是無法忍受他的氣味！**」

從一九六〇年至今，避孕藥在北美洲已成為最常使用的節育方式。然而，在一般狀況下，女性於生下孩子或經過幾年的同居生活後，會改用非荷爾蒙方式節育。有沒有可能，女性於服用避孕藥期間結識丈夫，但婚後轉為採用非荷爾蒙方式避孕，因而對丈夫的氣味有不同感受，減弱了丈夫對她的吸引力？服用避孕藥是否能讓女性的嗅覺產生微妙變化，以致於在停藥後，某些人的氣味聞起來不再一如往昔，即使是丈夫的氣味？

北美洲的婚姻，超過百分之五十以離婚畫下句點。假如夫妻的主要組織相容性複合體互補性低，女性也許會發現丈夫的氣味變得不再具有吸引力，且令人厭惡，實際上這有可能成為婚姻破裂的媒介因子。確實，曾有幾位婚姻治療師告訴我，女性個案在治療當時最常抱怨的事情之一，是對丈夫氣味的嫌惡。按照這些證據一致指向的結果，當被詢問有關體味與吸引力的議題時，我會建議女性在開始尋覓終生伴侶及未來孩子的父親之前，或許可以考慮停止服用避孕藥。然而，我也會補充，**無論生物性合適度有多高，藉由「學習」**（如同稍早曾敘述的），**負面情緒聯結經過日積月累，會將男性曾經美妙的氣味變得可憎**，在這樣的狀況下，**愛戀的消逝就無法歸咎於避孕藥了**。但願激情永不熄滅，時時盡如人意，然而，現實生活總是事與願違。

費洛蒙的迷思與眞相，消失的犁鼻器

包括香水業的行家在內，許多人對催情氣味的存在深信不疑，認為只是芳蹤難尋而已。商業界為此聖杯展開激烈競爭，因為若能奪得如此神奇的靈丹妙藥，將會引進數萬億元的商機，為排解寂寞提供良方，及保證夜晚尋歡不再失敗。將費洛蒙三個字鍵入谷歌（Google），會搜尋到上百家公司的連結，等著銷售給你「保證性愛成功」的費洛蒙。但這種仙丹真的存在嗎？

最知名且率先領路的費洛蒙商人之一，是雅典娜機構（Athena Institute）的溫妮佛瑞．卡特勒（Winifred Cutler）博士。卡特勒博士針對男性銷售「雅典娜費洛蒙 10X」，針對女性銷售「雅典娜費洛蒙 10-13」，而且她有「數據」證明，擦這種神奇藥水可增進人們的性生活。然而對於這些數據，我們是否有另外的解讀方式，可以說明為何擦費洛蒙能讓人在性愛方面更得心應手？知名內衣品牌魔術胸罩公司，曾於一九七〇年代早期在加拿大的廣告善用老伎倆：「當你看起來漂亮，心情就會愉快，而當你心情愉快時，看起來簡直光彩奪目！」**有成堆的心理學文獻證實，自我感覺良好會讓他人認爲你更有吸引力**。假如你相信塗上某樣東西可使自己風情萬種或風度翩翩，那麼不管塗上的是什麼，你的行為都會改變。你會更有信心及安全感，更喜歡自己，更勇於調情，也更快樂。而這一切都將加強你的吸引力，因此當然能增進性生活。這當中任何事物皆與神奇費洛蒙無干，一切只關乎自信心及愉快心情。

深入探討費洛蒙問題之前，先退一步瞭解費洛蒙迷思的由來，相信會有所啟發。清楚費洛蒙起初如何登入辭典，將有助於瞭解其由來。費洛蒙一詞乃彼得．卡森（Peter Karlson）及馬丁．路丘（Martin Lscher）於一九五九年所創造，前者為德國生化學家，後者為瑞士昆蟲學家。此詞源於希臘文 pherein（意指「傳達」）加上 hormon（意指「荷爾蒙」），換句話說，就是「荷爾蒙媒介物」的意思。卡森及路丘使用這個詞彙，以敘述他們在昆蟲實驗室觀察到的現象，一隻白蟻所釋放的化學物質，似乎能影響周遭其他白蟻的行為。他們創造費洛蒙一詞，來形容某動物個體所釋放的化學物質，能夠影響其他同樣物種個體的生理或行為的現象。簡而言之，**費洛蒙是一種化學性溝通，對動物極其重要**。舉例來說，化學信息就是群居昆蟲主要的溝通模式。

許多非昆蟲的物種也用費洛蒙傳達重要訊息，包括靈長類動物。費洛蒙在現代語言之所以有淫穢意涵，是因為它所傳達的某些重要訊息，與生殖的週期及準備狀態相關。例如，雄烯酮（androstenone）是豬的費洛蒙，可讓母豬全心全意交配，除此之外別無他想，並使母豬自動就位，採取準備性交的姿勢。對於渴望節省公種豬飼養開銷的豬農來說，這項自動反應讓他們佔盡便宜。市面上售有一種雄烯酮噴灑液，稱為「公豬配偶」（Boar-Mate），噴灑於母豬時可使人工授精過程更加順暢。即使雌性恆河猴正如火如荼地處於發情期，要是雄性恆河猴並未察覺雌猴示意交配的費洛蒙，將對其熱情視若無睹。由於費洛蒙的產生及其所引起的回應，對於其他哺乳類動物的性生活扮演著不可或缺的角色，因此香水業者一直對人類性費洛蒙抱持希望。若能發現這樣催情的化學物質，並將其分離出來，將是化妝品及香水歷史上最大的功業。

由於許多費洛蒙都是「聞得到的」，亦即具有氣味的化學分泌物，導致人們誤認為費洛蒙是種氣味，但這並非事實。費洛蒙這種化學物質，某些能被嗅覺察覺，某些則否。以此類推，費洛蒙的偵測及處理，其實通常並非嗅覺系統負責，而是經由另一個稱為犁鼻器（vomeronasal organ, VNO）[e]的構造。犁鼻器與主要嗅覺系統分離，而與副嗅球（accessory olfactory bulb）相連。**犁鼻器位於口腔頂部上方，專門察覺大分子及溶於液體的分子**，這也是為什麼舔身體各處是接收費洛蒙信息的主要方式，就像狗兒互相打招呼時所做的一樣。透過鼻子及主要嗅覺系統，我們只能「聞到」空氣中的小分子。

根據文獻記載，所有利用費洛蒙溝通的脊椎動物，均以犁鼻器做為察覺費洛蒙的主要系統。要打造數十億元的費洛蒙產業，將遭遇的主要絆腳石，就是**人類根本沒有具功能的犁鼻器**。人類胚胎可能還有犁鼻器，但此構造於出生後

e｜亦稱爲雅各布森氏器官（Jacobson's organ）。

隨即消失無蹤。關於這個議題持續存有爭議，但壓倒性的證據指出，人體內找不到具功能的神經組織，可以對應其他動物的犁鼻器。此外，人腦內並未尋獲犁鼻器神經通常會分布的副嗅球，雖然主嗅球有可能是人類處理費洛蒙的構造。那麼，這些事實對人類及費洛蒙而言，又代表什麼意思呢？

儘管沒有具功能的犁鼻器及副嗅球，但證據顯示，人類至少會表現出一種費洛蒙反應，也就是人們經常提及，共同居住一段時間的女性，月經於每月同樣時間報到的「巧合事件」。瑪莎．麥克林托克（Martha McClintock）觀察到，同一宿舍的女性經過一學期共同生活後，月經週期會逐漸同步進行。這樣的巧合便以發現者起名，稱為**麥克林托克效應**f。麥克林托克繼續做了一些實驗，證明團體中的女性所分泌的某些化學物質，能夠改變與她接觸的其他女性的月經週期。有趣的是，似乎特別會有某位女性帶領大家跟隨她的月經週期g，我們稱她為「推動者」。然而，這位推動者的人選，無法根據任何生理或社會特性預測。最受歡迎、最漂亮、最活潑、最性感、最熱情或最臭的女性成為推動者的機率，並不比最缺乏上述特質的女性高。目前尚未明瞭，什麼原因讓團體中某位女性脫穎而出，但可以確定的是，她的月經週期信息必定強過那些受她影響的女性。既然汗液是少數能輕易透過團體生活互相傳遞的分泌物之一，且汗液散發出氣味，因此有人認為，汗液的氣味正是誘導月經週期同步的費洛蒙。

f｜麥克林托克效應（McClintock effect）是不同的費洛蒙反應類型，異於讓母豬隨即採取交配姿勢的「示意費洛蒙」。反之，麥克林托克效應屬於逐漸緩慢作用的「導引費洛蒙」，影響的是生理而非行為。請參閱 McClintock, M. K. (1971). Menstrual synchrony and suppression. Nature, 229, 244-245.

g｜服用避孕藥或採用其他荷爾蒙避孕的女性，則不會經歷麥克林托克效應。

跟室友借本書，月經週期就同步了

麥克林托克效應是人類利用費洛蒙互相傳達信息的最佳證據，但仍令人不解的是，若人類缺乏察覺費洛蒙的器官，這些女性到底如何接收費洛蒙。麥克林托克研究此效應的實驗，是將一種含有汗液的溶液塗在受試女性上唇皮膚上，也正是鼻子下方的位置。由於麥克林托克將溶液塗於鼻下的操作方式，一般推定此效應必定與氣味有關。然而對其他動物而言，大部分費洛蒙並非經由嗅覺察覺，因此麥克林托克效應的機轉可能另有解釋。

依我看來，**誘導月經週期同步的化學物質乃直接透過皮膚傳遞，並非透過嗅覺系統察覺**。也就是，推動者女性的汗液透過接觸（汗液與皮膚接觸），被另一位女性的皮膚吸收，並在一段時間後進入她的血流，使荷爾蒙系統改變，導致月經週期與推動者女性同步。想像同一個屋簷下的女性們：碰彼此的手，於走廊互相幫對方梳頭髮，或其他會接觸彼此汗液的肢體動作。在這種自然狀況下，甚至毋須直接肢體接觸，只要向室友借件毛衣，或拿起她最近剛碰過的書籍或馬克杯，就足以吸收到她的汗液。因此，將含有汗液的溶液塗在鼻下或其他部位的皮膚，其實根本沒有差別，兩者皆能引起麥克林托克效應。我敢說，如果麥克林托克將溶液塗在女性受試者的膝蓋窩內，也會得出一樣的實驗結果。

雖然我的另類解釋方式尚未獲得證實，然而有證據顯示，某些氣味化學分子可以透過皮膚吸收，而引起生理變化。[14]我的解釋方式也較為單純，不需要「嗅覺」，因此排除了人類沒有犁鼻器或副嗅球的難題。

除了得名自瑪莎的麥克林托克效應外，在人類身上還觀察到數種「類費洛蒙h」反應，而且這些反應似乎也都取決於汗液。以下列出一個經典範例：

艾希莉開始擔心，自己可能有婦科方面的問題。她的月經週期變得不規律，有時晚來好幾個星期，有時才隔兩星期又來一次。她知道自己沒有懷孕，也沒有染上任何性病，因爲她已將近兩年都維持獨身狀態。然後，艾希莉遇上了達倫，經過不到幾個月的約會，她的月經週期就變得極爲規律。

當艾希莉遇上達倫，到底發生了什麼事情？有種動物為人類闡明了這個現象。將雌性齧齒目動物暴露於雄性齧齒目動物的氣味，會使雌性齧齒目動物的動情週期i與雄性同步。當女人與男人接觸的方式可接收到男人的氣味及汗液時，類似的機轉也能在人體奏效。莫乃爾化學感官中心的喬治．普雷提及查克．維索奇確實發現，**將男人腋窩分泌物塗於女人鼻下皮膚時，可改變女人的排卵時間及月經週期長度，也能讓不規律的月經週期回復正常**。[15]接觸達倫的汗液，

h｜這些汗液體味的觀察結果並不完全一致，目前也不清楚其機轉及相關的特定化學物質。因此，這些誘導出生理變化的信息尚未被視爲眞正的費洛蒙，而稱爲「類費洛蒙」（quasi-pheromones）。

i｜齧齒目動物的動情週期（estrus cycle）類似人類的月經週期，是一種生育力指標。

就是艾希莉月經週期轉為規律的原因。

任職於費城莫乃爾化學感官中心的茱莉·曼紐拉也發現，哺乳婦女的腋窩汗液能改變其他女人的月經週期長度，並增強這些女人的性慾。此外，哺乳婦女的汗液似乎能刺激其他母親產生母乳，特別是對新媽媽。尤有甚者，嬰兒的汗液／體味能提高女性的生育能力。你可能聽過這類故事：在用盡所有方法增強生育機率卻徒勞無功後，女人們終於放棄，轉而收養個小嬰兒，卻在過沒多久後發現自己竟懷孕了。最近的研究顯示，送子鳥其實就是小嬰兒；**換句話說，嬰兒氣味產生嬰兒**。

儘管越來越多證據指出，人類汗液中的化學物質能影響彼此的生理狀態，尤其是影響女性，但目前尚無法證明人類性費洛蒙的存在。不過，這仍有一線希望。豬費洛蒙雄烯酮的衍生物雄二烯酮（androstadienone），也存在於人類的汗液中。近來的研究顯示，當女性接觸到的雄二烯酮遠高過人類汗液中的濃度時，她們感到更有自信，尤其在男性面前。可是，有好心情和將最親密的男性引入汽車旅館房內，根本是兩回事。**我們的性愛及戀情如此複雜多變，生物本能或許是背後的強大驅力，但還有許多社會及文化因素足以取而代之**。試想，許多「相親結婚」甚至不用考慮男女之間所謂的來電或生物本能，也能開花結果，擁有海枯石爛、濃情密意、子孫滿堂的婚姻關係。正因人類的擇偶行為在社會及情感層面如此複雜，所以尋得包準成功的人類催情劑、費洛蒙或其他類似的仙丹，很有可能依舊只是個商業夢想。

第6章

他人的氣味

The odor of the other

下層階級發臭……
——喬治·歐威爾(George Orwell)

沒有任何人能夠擺脫「自己的氣味」

從與潔西卡．羅斯的會談中，我瞭解到，自從罹患嗅覺缺失症後，她就非常顧慮自己的氣味。她過度在意自己的體味是否難聞，所穿的衣服是否散發沒洗乾淨的氣味，幾乎到了妄想的程度。她坦承：「如果任何人用奇怪的眼神看我，我馬上就認定那是因為我的體味難聞。我開始每天沖兩次澡，衣服一旦穿過後就儘快清洗。」這些舉動聽起來也許極端，但潔西卡的擔憂在嗅覺缺失症患者身上其實十分常見。然而無論多麼乾淨，沒有任何人能夠擺脫「自己的氣味」。

自己的氣味到底從何而來？人類腋窩的汗液，由三種類型的腺體分泌而成。其中的頂漿腺（apocrine gland）於青春期發育成熟，產生的分泌物特別富含蛋白質。潔西卡．羅斯就像其他的人類一樣，即使小心翼翼擦洗，也無法擺脫腋窩中天然常生各種細菌菌落的束縛。這些細菌以皮膚表面的蛋白質維生，而伴隨消化所釋放的氣體便能反映出它們食用的是哪些蛋白質。腋窩分泌物所含的特定蛋白質由基因決定，對應每個人的主要組織相容性複合體基因類型，這也就是為什麼每個人都擁有獨一無二的體味。

腋窩的濃郁氣味主要歸功於碳鏈酸（carbon chain acids）這類化合物，但其他化學物質也有所貢獻，尤其最近受到廣泛報導，可能是人類「類費洛蒙」的豬費洛蒙雄烯酮，及其衍生物雄二烯酮。雖然並非絕對，但男人頂漿腺汗液的雄烯酮含量通常比女人高，而不同雄烯酮含量的汗液會讓人帶有「男性」或「女性」特質，更確切地說，是讓人帶有「較濃」或「較淡」的體味。在盲化的吸嗅試驗中，受試者通常將聞起來較淡的體味視為女性，而將聞起來較濃的體味視為男性，不過他們的答案往往是錯的。**人類的頂漿腺在性慾高漲及情緒波動時也會分泌汗液，並且正是造成「恐懼的氣味」的原因**。

正遊訪希臘小島的羅伯特，從艷陽下走入當地一家沒有冷氣空調的旅行社。在陰暗處也高達華氏一百零五度的溫度下，即使僅步行十五分鐘，羅伯特卻已汗如雨下，溼漉漉的頭髮糾結成條，透明的汗衫貼著他溼透的胸膛。店員盯著他，些微不安地笑問道：「你剛從灑水器旁走過嗎？」

不，羅伯特並非剛從灑水器旁走過，只是他的身體特別有效率地調控體溫，使他不致中暑。產生汗液的另外兩種腺體是外分泌腺(eccrine gland)及皮脂腺(sebaceous gland)。外分泌腺的功能是調節體溫，藉由排除水分後的蒸發作用達到冷卻效果。人類在出生時外分泌腺的功能已臻成熟，而且遍布全身體表。不管是因為外界溫度、身體運動，或兩者同時導致，當我們覺得熱時，外分泌腺便會分泌汗液。年老的眾多問題之一，就是身體產生外分泌腺汗液的效率降低，因此避免體溫過高的功能也變差了，這正是導致熱浪期間死亡率飆升的主要因素之一。當你在健身房跑步機上健步如飛時，隔壁同時狂奔的人額頭越是閃閃發亮，你就越能聞到他午餐所享用的大蒜或其他各式濃嗆的食物氣味，這是因為方才攝取的食物中含有揮發性分子，藉由外分泌腺汗液排至皮膚表面而散發的氣味。外分泌腺汗液本身，其實是沒有任何氣味的。

皮脂腺主要集中在身體上半部、前額及頭皮，皮脂腺分泌物也沒有氣味，但卻提供了細菌生長的最佳濕度及食物。如同頂漿腺分泌物，皮脂腺密布區域所散發的氣味，來自該處皮膚表面生長的細菌。我們頭頂的氣味大致由皮脂腺所產生，儘管嬰兒的皮脂腺尚不具完整功能，一般認為是嬰兒頭頂的皮脂腺形成典型及獨特的「嬰兒頭」氣味。驚人的是，這觀點從未經過科學研究證實。**儘管大家覺得勞里和保羅的小嬰兒頭聞起來一模一樣，母親們就是有辦法光靠頭頂的氣味，輕易辨識出自己的新生兒**。

人類對彼此氣味的反應深深影響社會互動，以及幾乎所有的人際關係。當嗅到他人的氣味時，我們出現的感覺從絕對愛戀、到厭惡，乃至於蔑視都有可能。我們從氣味習得的原始喜愛或厭惡並不局限於玫瑰及臭鼬，而擴及所有聞得到的事物，尤其是其他人。

「有媽咪氣味的兩用罩衣」緩解分離焦慮

瑪莎及丹就要外出共度一個美好夜晚了！他們已經數把個月沒能真正獨處，丹甚至記不得最近一次帶老婆到他們最愛的餐廳是什麼時候的事。瑪莎將性感黑洋裝的拉鍊拉上，居然能把自己擠進洋裝真是令她興奮，而丹從衣櫃取出一件他早盼望穿上的新皮夾克。門鈴響起，瑪莎快步走入玄關。褓姆來了！蘇珊向瑪莎及傑克打招呼，她今晚要看顧的就是這位一歲半的傑克。瑪莎將她的手機號碼留給蘇珊，並要丹與她在大門會合，一切似乎都十分順利。然而當瑪莎套上大衣，傑克頓時撲向地板，嚎啕大哭及哽咽落淚得像核能反應爐爆炸般前所未見，好像唯有媽咪不走才能平息這場災難。持續哄傑克二十分鐘後仍徒勞無功，顯然重獲平靜的唯一方法，就是取消約會留在家裡。蘇珊離去後，丹給瑪莎一個埋怨的眼神，瑪莎也無奈地點頭回應。

分離焦慮(separation anxiety)十分常見於幼童，通常在十八至二十四個月的歲數間達到高峰。當分離焦慮嚴重時，孩童對父母離去的憂傷，可能導致父母錯失重要會面、餐約或工作，使父母感到憤怒又內疚。像瑪莎與丹這樣的父母，他們的夢想就是能放心將傑克留給信賴的褓姆看顧，讓傑克有個平靜及充分休息的一晚。但傑克這樣的孩童，只有媽咪在身邊時才能感到安心及放鬆。除去真實軀體的存在，世上有什麼能取代並產生媽咪的感覺呢？

幾年前我曾想發明一種服裝，用來撫慰因母親或主要照顧者離開身邊而極度煩惱的嬰兒及幼童。這種服裝可以是柔軟的毛絨棉衫，讓母親穿著直接觸及皮膚達數小時後，再改製為襁褓毛毯，或者母親離開時將棉衫依偎在孩子身旁。經過剪裁及吸引人的流行設計，這種服裝可以兼顧上述兩種功能，並能在兩種功能間輕易迅速變換。我將這項發明稱為「有媽咪氣味的兩用罩衣」。

我曾向一位專利律師提過這個點子，儘管覺得這服裝不太起眼，她還是受理了我的申請。然而徹底搜尋專利檔案紀錄後，竟令人意外地發現，這項發明早就存在！事實上，美國明尼蘇達州的一位護士，已在數年前登記這項發明。

奧克拉荷馬大學的蕾吉娜·蘇利文（Regina Sullivan）及保羅·陶巴斯（Paul Toubas），針對產科病房中與母親分開的新生兒進行研究，瞭解他們對「媽咪」體味的反應。研究進行當時，新生兒們處於以下其中一種狀態：平靜地清醒著，哭泣，或睡眠中。研究人員給予新生兒下列其中一項物品：自己母親剛剛穿過的病患袍，其他新生兒的母親剛剛穿過的病患袍，沒人穿過的乾淨病患袍，或是什麼都沒有。蘇利文與陶巴斯觀察到，當哭泣中的新生兒接觸到自己母親最近穿過的病患袍時，便停止哭泣。平靜清醒時的新生兒對散發自己母親氣味的病患袍，也表現得特別有興趣及心情愉快。1

我的點子「有媽咪氣味的兩用罩衣」，來自蕾吉娜．蘇利文的研究結果，以及我對氣味在情緒學習效力方面的理解。**媽咪的氣味具撫慰效果，是因爲與媽咪聯結的情緒依附到媽咪的氣味上，使氣味能代替媽咪本身產生撫慰的情緒。**在產科病房，敏銳的觀察者能迅速發現這種代替母親氣味的神奇救星。早我一步想到這點子的護士，一定是親自見證了媽咪氣味對哭鬧嬰兒的撫慰效果。我不知道這位護士是否曾嘗試將她的專利商品化，如果有的話相信一定熱賣，因為有太多像瑪莎與丹這樣的父母了。

媽咪的氣味其實很像她寶寶的氣味

除情緒學習外，一定還有其他因素讓嬰兒在出生後如此快速地認得自己的母親。因為呱呱落地尚未三個小時，還來不及形成任何有意義的情緒聯結之前，嬰兒就有這項本事。那麼，嬰兒到底如何知道自己的媽咪是誰？又怎麼有辦法這麼快就知道呢？

事實上，有一項基本的生理要素，可以解釋嬰兒為何和如何這麼迅速認得自己母親的氣味，以及為何嬰兒較不容易認得自己的父親，或在嬰兒出世後隨即摟抱他們的任何其他人。答案是，媽咪的氣味其實很像她寶寶的氣味。出生前九個月期間，羊水就是嬰兒的家鄉，裡面同時包含著來自寶寶與媽咪的化學成分。**當女性剛經歷生產，羊水的氣味會較普遍存在她的皮膚表面。僅幾個小時大的新生兒，會被任何羊水的氣味吸引**。正是這熟悉的氣味，使他們馬上便能認得自己的母親。新生兒也必須跟母親有直接肢體接觸，才能迅速區別媽咪與阿姨，這是配方奶餵食與母奶哺乳的嬰兒之間的其中一項差異。寶寶接受母奶哺乳時，鼻子直接依偎在母親的乳房及腋窩旁，由於這樣親密的接觸，他們便學會母親獨一無二的氣味。配方奶餵食的寶寶缺乏這類鼻子與肌膚的接觸，需要花費明顯較長的時間才能學會媽咪的氣味。正因如此，寶寶認得父親氣味的速度無法如同認得母親氣味般迅速，除非，寶寶與父親有親密及頻繁的肌膚接觸。

一個屋簷下的家人可以「聞」出彼此

父母在認得自己孩子的氣味上，也具有絕佳的學習能力，尤其是母親。但與嬰兒不同的是，父母僅透過極為短暫的鼻子與皮膚接觸，就能習得這項本領。一項針對十七位經歷剖腹產的母親進行的研究，發現僅透過嬰兒衣物的氣味，百分之八十的母親可以將自己兩天大的嬰兒與陌生同齡嬰兒做區別。[2]這之所以值得注意，是因為以剖腹方式生產的母親，與嬰兒有肢體接觸的機會微乎其微（低於兩個半小時），卻仍有辦法認得自己剛產下的寶寶獨特的氣味[a]。實際上，母親好像根本不需要時間，就能學會認出自己孩子的獨特氣味。以色列耶路撒冷希伯來大學的研究員發現，百分之九十的女性與自己剛產下的寶寶接觸不到一小時，有的甚至不到十分鐘，就能根據氣味區分自己的與其他人的寶寶。[3]即使矇住母親的眼睛並徹底清洗寶寶，母親認得自己寶寶的機率仍出奇地高。母親如此迅速並輕易地認得自己的寶寶，有重要的演化意義，因為這樣顯然較有利於生存，萬一遇到危險，母親尋獲並拯救寶寶的能力，遠大過寶寶尋找她的能力。

父親也能藉由嗅覺認得自己的寶寶，但相較於母親還是略遜一籌。不過，原因並非母親與孩子相處時間較長，而是由於她們是女人。紐約州立大學奧本尼分校（SUNY Albany）的史蒂文．普拉特科（Steven Platek）及其同事，讓十八名男性大學生與三十二名女性大學生聞一組氣味樣本，其中包括自己及四名陌生人的氣味，以比較他們辨識自己體味的能力。研究中半數以上的女性可正確辨識出自己的體味，而男性居然只有一位辨識出自己的體味。[4]既然女性認得自己氣味的能力勝過男性，她們當然更能利用「自己」做為辨認孩子的有力基準。

a｜母親與她們剛產下的寶寶相處的時間之所以如此短暫，是因爲一九八〇年代中期，剖腹產只能在緊急醫療狀況下施行，而且相較於現代醫療，當時剖腹產對母親的傷害比較大，術後住院治療的規定也嚴格得多，這些因素大幅縮短了母親能與寶寶相處的時間。

對於父母辨認自己孩子的氣味的能力，自我熟悉度是個重要因素。主要組織相容性複合體基因賦予我們獨一無二的氣味標記，而每位孩子的這組基因，都有約百分之五十的比例分別跟父母親的這組基因相同。因此，孩子的氣味聞起來比較像自己的父母，而不像祖父母或隔壁年幼的鄰居。父母並非唯一能嗅出氣味相似性的人，成年人在從未認識一群母親及其孩子的情況下，也能根據體味將每位母親與其孩子正確配對。[5]兄弟姐妹也有百分之五十的基因相似度，而他們的確也能有效利用氣味來辨認自己的手足，即使在長久分離之後。在一項研究中，針對居住於不同城市並超過三十個月未碰面的四十名手足，研究人員提供汗衫讓他們聞，汗衫可能被兄弟姐妹穿過，也可能被與兄弟姐妹同齡同性別但無血緣關係的陌生人穿過。在十九名男性受試者及二十一名女性受試者中，有二十七人能夠正確無誤地挑選出自己兄弟姐妹曾穿過的汗衫。高達百分之六十八的成功辨識率，在統計學上已超出偶然所能解釋的程度，也顯示一定有什麼原因讓親人的氣味容易辨識。[6]

父母親對於一起居住且飲食相同的兩個孩子，只要不是同卵雙胞胎的話，也都能毫無困難地準確區別他們的體味。即便是警犬也無法區別飲食相同的同卵雙胞胎，因為他們的主要組織相容性複合體沒有分毫差異。事實上，飲食是辨認親人的粗略方式。經常食用肉類及馬鈴薯的家庭，聞起來就異於不時享用咖哩及大蒜的家庭。但相同飲食及生活環境的影響力僅止於此，夫妻就算生活於一個屋簷下且共同用餐，由於基因相似度通常不高，體味應該也不會像到哪去。曾有研究要求不知情的受試者，僅靠汗衫的氣味進行夫妻配對，結果沒有任何人配對正確。7

雖然陌生人無法透過氣味湊出正確的夫妻檔，配偶、摯友及其他親近但無血緣關係的人，卻可以根據體味輕易辨識出彼此。關於根據體味認人的能力，之所以唯有親近的人擁有但陌生人卻缺乏，是因為經過一段時間的身體親近及共同經歷後，他們便學會且熟悉彼此的氣味了。然而，若飲食習慣、健康狀況、藥物及體香用品使用方面發生變化，或任何影響個人氣味的其他因素轉變，且親近的夥伴毫不知情或尚未熟悉的話，便會嚴重削弱這種體味辨識能力。

穿過的衣物帶來「嗅覺慰藉」

寂寞使然，卡爾拾起朱蒂斯離開前一夜穿過的上衣，她將在巴黎待上整整一個月。聞著她的氣味，感覺衣服貼在臉上那樣柔軟光滑，使他的嚴重相思抹上了一絲愉悅。無預期地發現這份慰藉，那晚卡爾依偎著朱蒂絲的上衣入眠，好幾天來頭一次睡得那麼沉。

匹茲堡大學的心理學家唐．麥克伯尼（Don McBurney），多年來對他所謂的「嗅覺慰藉」（olfactory comfort）深感興趣。麥克伯尼的研究小組進行一項研究，發現女性與所愛的人分隔兩地時，會經常聞對方的衣物，並帶著對方的衣物入眠。這麼做的主要理由是，她們覺得衣物的氣味撫慰人心。麥克伯尼及其同事透過另一項研究發現，當與戀人分隔兩地時，基於同樣的理由，男性也會聞對方的衣物，及帶著對方的衣物入眠，比例幾乎與女性相等，但衣物鮮少屬於無戀愛關係的重要他者。相形之下，據研究中女性受試者所述，她們共眠及嗅聞的衣物，則來自她們在各種關係下所親近的人。

結果，這項研究最有趣的發現是，對於戀愛關係以外的人，女性能從其衣物獲得嗅覺慰藉的機率，與和他們之間的基因相似度高度相關。在這項研究中，百分之二十五的女性表示，當與父母、子女或手足這些一等親分開時，曾刻意聞他們所穿過的衣物，以舒緩難受的心情。然而當對象轉為祖父母、阿姨、叔父這些二等親時，比例降了一半，至於對曾祖父母及堂表兄弟姐妹這些三等親，比例幾乎為零。

基因相似度之所以與嗅覺慰藉的行為如此密切相關，或許只是因為人們在情感及社交上對一等親可能比對其他家庭成員親近。社會連結顯然對嗅覺慰藉有所影響，因為麥克伯尼的研究小組發現，與朋友的毛衣一同入眠的機率相當於與祖父母的毛衣一同入眠的機率。但也有可能是主要組織相容性複合體基因相似度較高，導致體味類似，因此一等親的氣味本質上要比其他親屬的氣味讓人熟悉，所以能提供慰藉。

老奶奶的氣味令人熟悉嗎？

嬰兒洗澡後的氣味常被譽為「普世馨香」b。既然好聞的氣味讓人心情愉悅，且幼童洗澡後的氣味理應相當芬芳宜人，那麼是否幼童的體味能提升我們的心情？雖然這樣推論似乎過於草率，德州萊斯大學的丹妮絲．陳針對這項主張進行研究。她測試三百名男性及女性大學生對各種體味的情緒反應，瞭解是否有任何氣味能引起情緒變化。所測試的體味來自下列六種來源：五歲男童及女童，男性及女性大學生（平均二十歲），男性及女性年長者（七十一歲以上）。丹妮絲．陳驚訝地發現，儘管幼童的氣味被認為是最宜人的，對受試者的情緒卻沒什麼影響。反而是年長女性的體味最能提升心情，而且確實讓原本自評「憂鬱」的學生明顯情緒好轉。然而一般認為，「年長女性」的氣味並不特別好聞，只是熟悉度極高。老奶奶的氣味之所以令人愉快，是因為其中的熟悉感。8不過這項結論卻避開了關鍵問題：假如研究中的年長女性與學生沒有任何血緣關係，她們的

b｜在這裡使用引號是因爲，所謂「普世馨香」即暗示這氣味所引起的反應是天生的，而我並不認同這種看法。

氣味怎麼會讓學生感覺到熟悉呢？難道真有所謂「年長」的氣味嗎？

種種數據及成見顯示，隨著年齡增長，尤其到老年時期，我們的體味變得比較難聞。日本香精暨化妝品公司資生堂（Shiseido）的研究人員，最近進行一項研究，請二十二名年齡介於二十六至七十五歲的男性及女性受試者，連續三夜穿著一件汗衫睡覺。之後對這些汗衫進行化學分析，結果發現，超過四十歲的九位受試者，其汗衫含有較大量的化學物質被認為是「典型難聞的油膩及草腥氣味」。9因此，年長者的體味可能有某些共同特性c。但這些氣味是否難聞，則又是另外一回事了。日本資生堂的研究對於穿過的那些汗衫，並沒有加以評估聞起來令人愉快抑或厭惡。美國最優秀的體味化學家喬治．普雷提，其研究成果與日本資生堂並不一致。普雷提主張，對於年長者體味的成見不過是傳言軼聞，況且，造成這種現象的主因大體是衛生不佳或收容機構照護不良。日本研究人員之所以對年長者汗液的化學特性格外存有偏見，可能是因為相較於北美洲人，亞洲人對體味有較深的負面印象。此外，明顯的體味在日本如此罕見，以致於過去有段時間規定，只要是體味重的人就不具服兵役的資格。

c｜丹妮絲．陳的研究並未分析體味樣本之化學成分，因此我們無從得知，「祖母氣味」與資生堂化學家發表的年長者氣味，兩者所含有的特殊化學成分是否有絲毫類似。

歐洲人的濃厚體味來自清潔劑效能不佳

十九世紀期間，科學家興致勃勃地將所有事物分門別類，包括按照性別、年齡、種族、甚至髮色來歸納人體氣味。當時認為，黑褐色頭髮的人體味濃烈，而金髮人體味似麝香。10根據目前的文獻，沒有任何內容記載髮色與體味之間的關聯性，但有確實的證據指出，年齡、性別及種族與體味的某些一般特質有關。

比方說，亞洲人所具有的頂漿腺總數遠低於白種人，體毛也比較少。在這兩種因素的共同影響下，亞洲人的體味顯然就比歐洲人淡得多。日本人類學家安達(Adachi)在其一九〇三年出版的書籍諷刺寫道：「黃種人身上根本聞不到什麼！」另一方面，安達寫道，歐洲人的體味總是相當明顯，即使沐浴後也一樣，白種人的氣味簡直其臭無比。連知名的梵文性愛手冊《印度愛經》，也提及毛茸茸白種人的惡臭令人反胃。得知自己與生俱來的氣味讓人覺得作嘔，總是讓白種歐洲人大吃一驚，尤其他們如此習以為常於用體味證明自己的優越性。

在聲稱黑人與白人無法合作邁向文明世界的諸多主張中，歷久不衰的一個看法就是，黑人有種氣味讓白人聞了不舒服……白人一般認爲，這個論點就是黑白兩族間不可能親近的決定性終極證據。11

上文引自一九三七年出版的一本書，但這段論述忽略了上一世紀早就存在的，無法忍受體味的迂腐短見。即便今日，種族主義者仍厚顏無恥地利用人種的體味特質做為辯護藉口。前法國首相賈克．席哈克（Jacques Chirac）在企圖贏得「反移民」族群的選票時曾公開宣布，他與法國勞工們一致同感：「可不願忍受隔壁移民家庭的噪音及臭味，還不勞而獲社會福利。」對氣味的陌生伴隨著對「外來者」的陌生，而成為根深柢固的種族歧視及仇外情結。

不同種族群體之所以聞起來有所差異，許多原因其實與人種、基因、體毛或汗腺沒有任何干係。稍早在外分泌腺部分曾討論過，汗液會透露你的飲食，而偏好某些香料的料理文化也會在皮膚上洩底。**文化除了會暗藏各式各樣的食物氣味在汗液中，也會影響排除汗液的態度及技巧**，這與個人衛生或社會階級的關係微乎其微。我曾在法國航空飛往巴黎的航程中，對機艙內飄來的一陣空氣大感震驚。那是一群富有的乘客，穿著華貴服飾，抹著名牌香水，卻臭氣薰天，有一股沒洗澡的濃厚氣味。當我之後向一位體味化學家論及此事時，他解釋道，那並非缺乏沐浴，更不是一種時尚表現，而是法國清潔劑效能不佳，無法將汗液中的脂肪酸殘留物徹底從衣物消除。歐洲許多衣物清潔劑的組成成分，不能有效溶解脂肪酸的化學物質，而脂肪酸正是汗液中的氣味化學分子。這代表的是，歐洲人即使在剛沖完澡後穿著洗好的衣服，仍可讓人聞到濃厚的體味。既然人會對自己的氣味習以為常，大多數人很可能就沒有察覺自己的這種「體味」。相較於歐洲社會，北美洲比較重視衣物除臭，當察覺不乾淨的氣味時也比較無法包涵。

氣味成了區分窮人與富人的標誌

除了為種族主義的偏執辯解外，體味始終被利用來合理化社會階級的分野。歐洲自中世紀以來一直到前不久為止，其實都將沐浴視為有礙健康。浸入水中會導致疾病的恐懼之所以如此根深柢固，是因為西歐在黑死病期間嚴禁沐浴。一般認為將身體淋濕及沾滿肥皂是冒險的行徑，這會讓體表柔軟及潮濕，以致於無法抵抗四處瀰漫的不健康「臭氣」，而這種氣味被認為就是致病原因。當時大多數人能夠清洗自己的範圍，幾乎僅限於手、臉，以及偶爾能洗洗衣服而已。但到了十九世紀初，這種態度開始轉變，尤其是在新世界。一八六〇年人口達十七萬七千八百四十的波士頓，擁有三千九百一十個攜帶式澡盆，多半不具自來水和煤氣設備，卻已相當令人讚嘆，尤其對照當時紐約州首都奧巴尼只有十九個這種澡盆。12

澡盆除了罕見外還不便宜，因此在同一時期，個人沐浴被視為財富的象徵，與貧窮無緣，也因此惡臭與芳香就成為區分窮人與富人的標誌了。從前阿西西的聖法蘭西斯（St. Francis of Assisi）宣稱泥土是神聖象徵的年代已逝，當時的倫理次序已經逆轉，如今無論什麼氣味，只要越明顯便被認為越低俗。

於二十世紀交替之際，窮人「聞起來不乾淨」的原因，除了勞力工作及無法負擔私人浴室外，他們狹窄的生活空間也意味著，擁擠住所內廚房、臥室及廁所的氣味容易混雜為一體。因此，氣味顯露出人的社會階級，並成為合理化某些最惡劣的階級主義偏見的藉口。喬治．歐威爾在他一九三〇年代晚期的著作中，就言簡意賅地指出：「西方階級區隔的實情，其實用六個醜陋的字就能歸結⋯⋯下層階級發臭。」13歐威爾接著解釋，這種氣味區隔是階級歧視下合理且無可避免的產物，雖然所謂的「發臭」明顯受文化背景及文化意涵的影響。歐威爾明白表示，令人厭惡的「下層階級氣味」並不必定是個人衛生不良所導致，因為即使最乾淨最使勁刷洗自己的佣人仍會發臭。14

二十世紀初期鄙視的除了體味外，口氣也加入行列，成為社會階級區隔的可能原因，口腔除臭的商機也順勢而上。一八七〇年代上市的李施德霖（Listerine），起初當成家用及醫療用的一般抗菌劑在銷售。但發明李施德霖的蘭伯特製藥公司（Lambert Pharmaceutical Company）於一九二〇年嗅到新商機，因此將李施德霖重新研發成漱口水。事實上，蘭伯特製藥公司在一九二一年還創造「口臭」（halitosis）這個新辭彙，做為口氣不佳的醫學定義。於此轉折之際，李施德霖不再重視醫療層面，開始將廣告主力放在嚇唬年輕及單身族群上，目的是逐漸洗腦，讓人們深陷妄想，以為沒有清新口氣的話就會招致悲慘的社交後果。以下這段廣告詞來自當時如火如荼的宣傳攻勢：「總是伴娘的她，從沒能圓新娘夢。然而隱藏在鏡子背後的祕密，是她想都沒想過的，一件別人就是不會當面告訴你的事……」

這把戲果真奏效，為蘭伯特製藥公司賺進大把鈔票，年度獲利從一九二〇年的十萬美元飆升至一九二七年的四百萬美元。但李施德霖的配方沒有任何改變，變的是它的形象。15

因遺傳而遭到訴訟的體味

走進擁擠的電梯內，某人極爲刺鼻的體味讓你馬上感到非常不舒服。誰一個月沒洗澡了？完全不顧慮自己的體味讓別人多麼難受，眞是沒禮貌！你怒目環顧四周，到底是誰，這人怎麼臭成這樣？

幾年前我接到一位律師的電話，詢問我對極端惡臭的體味有何瞭解。那位律師受聘於某間廣告公司，該公司有位員工的體味難聞到讓某些同事拒絕上班，更沒有客戶願意跟他談生意。顯然他所散發的惡臭體味，使人無法忍受與他共處一室。公司曾和這位員工討論他的體味，但他聲稱自己對此無能為力。另外曾諮詢我的，是一件關於房東想逐出體味惡臭的房客的案子，那位房客的體味讓人無法忍受，以致於鄰近他的房客紛紛開始搬走，並向房東要求損害賠償。這兩件案子的原告想知道，我能否提供科學理由或判例，用來解雇、處以罰款或驅逐散發臭味的人。

有種稱為三甲基胺尿症（trimethylaminuria）或「臭魚症」的疾病，患者由於無法分解三甲基胺這種化合物，所以從呼吸及體味散發出非常明顯的魚腥味。這種症候群是遺傳性的，且目前已精確定位出其隱性突變的位置。不幸的是，當代醫療對這種疾病仍束手無策。但這種疾病相當罕見，而且病情從出生時就出現。另外，肥胖造成的新陳代謝失調，也會導致異常強烈的體味，若伴隨不良飲食及衛生狀況，這類症狀將會惡化。老闆及房東試圖擺脫的那些「奇臭無比」的人，可能是因為個人衛生及居家習慣不良，或罹患三甲基胺尿症，或這些原因的組合。對此我無法下定論，因此我選擇不介入這類案件。

城市發展中的各種除臭技術

從都市化開端到工業革命末尾，氣味汙染的程度超乎我們所能想像。即便有汽車及工廠冒出的煙霧，現在大部分第一世界的都市人都活在相對沒有氣味的空氣中。然而文藝復興時期，歐洲都市的街道被當成各種廢棄物的排放管道，包括食物殘渣、人及動物的排泄物、動物屠宰後留下的血液及內臟、貓狗屍體，甚至還有外科醫師將人血隨意丟棄到街道上。這些泥土構成的街道，最後會流出十分腐臭的液態爛泥。當時的都市惡臭如此嚴重，以致於人們經常宣稱，光聞這些氣味便足以致死。

西方都市在十九世紀中葉進行「氣味」改革的原因，是體認到骯髒、病菌與疾病之間的關係，而因此制度化的公共衛生措施，不僅讓都市擺脫了廢棄物，也擺脫了惡臭。

消弭難聞氣味的最古老方法，就是用「較濃的香氣」掩蓋臭氣，這顯然也是史前石器時代穴居人將松木及杉木樹枝拖入洞穴的理由。掩蓋氣味也是現代主要採用的伎倆，有座舉世聞名的都市以此方式改善環境氣味，並奮鬥了將近一個世紀。自一九二〇年代起，巴黎陸續做了各種嘗試，企圖改善地鐵的氣味品質。首先是以香水著手，希望用比較好聞的氣味，壓倒瀰漫在地下鐵路系統內大蒜、香菸、陳舊香水、體味及齒輪油混合而成的氣味。一九九〇至二〇〇〇年期間，各種香水被用做「地鐵水」以掩蓋臭氣，其中一種香水以瑪德蓮（Made-leine）地鐵站命名，用木質麝香做為基底，點綴少許香草，並融合柑橘、薰衣草、茉莉、玫瑰及百合香精。地鐵的保養人員把香精混合在清潔劑中，然後利用清洗器將清潔劑抹在地板及其他表面上。搭配地鐵香水進行的宣傳活動，貼出的海報問道「你嗅出差別了嗎？」，吸引民眾對地鐵氣味改造服務的注意。

表面上似乎有些巴黎乘客，對地鐵人員增進空氣品質的努力表示感激，但大多數人認為添加香氣其實只是白費心機。最後，經過五年耗費將近三百萬美元的研究計畫，二氧化鈦（tita-nium dioxide）雀屏中選，成為有效的除臭方式。二氧化鈦較常見於防曬乳中，其除臭原理是，藉由經紫外線照射所形成的自由基，破壞散發氣味的有機化合物。

美國每年至少花費五千萬美元，控制下水道的氣味。抵消氣味最簡單的方法，就是用木炭吸收氣味分子。其他方法包括混合「好聞」氣味與「難聞」氣味，以產生一種新的氣味。吲哚（Indole）及糞臭素（skatole）均為排泄物中的氣味分子，但若與其他幾種化學物質調和，就能變成芬芳的香水。實際上，某些穢物處理廠利用香水，以中和煙囪所排放的吲哚及糞臭素的氣味。目前用來清新空氣的其他方式，包括燃燒氣味及「化學清洗」（chemical scrubbing）技術。

在攝氏一千兩百至一千六百度的溫度下，可於數秒內將複雜的化學分子燃燒成不具氣味的空氣。化學清洗則將惡臭氣味分解為不難聞或不具氣味的簡單分子。

另一項臭氣沖天的產業，是豬養殖業。豬養殖業在美國每年平均營收超過一百二十億美元，每年至少繁殖一億隻豬。這麼多豬代表的是巨量糞肥，而根據估計，每年至少有八千五百萬噸重的乾固態糞肥需要處置。氣味管理於是成為豬產業的重要議題，因為豬糞引來抱怨連連，而應付這些抱怨的代價高昂。雖然，接觸豬糞的氣味似乎不會導致任何危害健康的結果，但這四處瀰漫的氣味仍飽受抨擊，鄰近居民常抱怨健康問題及心情困擾，並試圖讓豬養殖場關門大吉。

豬糞的惡臭氣味，主要來自細菌分解有機化合物後所產生的揮發性脂肪酸。但其實，豬糞也可以靠細菌的作用除臭。目前正嘗試一項新科技，利用三價鐵離子 Fe(III) 及一株特殊品種的細菌，來經濟且有效地消除豬糞氣味。一項研究針對此技術試驗，將豬糞搭配那株特殊細菌及三價鐵離子溫育，五週之後發現無法偵測到任何明顯難聞的氣味。16 這代表可以藉由生物科技，來有效減輕或消除臭氣。消除氣味的關鍵是，搞清楚你要擺脫的究竟是什麼化學物質。舉例來說，香草能中和氯的氣味，而巧克力則否。

需要氣味保護的不只是豬養殖場或穢物處理廠四周的居民，災後重建人員經常面對嚴重阻礙他們工作的氣味，並可能因此導致氣味誘發性創傷後壓力症候群這類影響功能的後遺症。許多救難人員在處理卡崔娜颶風（Katrina）的災後餘殃時，於鼻子下方塗上一種新發明的凝膠，叫做「氣味屏蔽膠」（OdorScreen），以預防氣味會造成的後遺症。不同於驗屍官及犯罪調查員所使用的其他局部用品，以色列的帕特斯公司（Patus Inc.）所研發的氣味屏蔽膠，並非掩蓋緊鄰空間內的所有氣味，而是干擾嗅覺本身。氣味屏蔽膠的科技是根據交叉適應現象，用引起類似嗅覺的特定化學物質產生交互作用，以改變嗅覺受器的活性，進而改變或完全阻斷特定一種氣味的嗅覺。氣味屏蔽膠的設計，專門針對氣味令人厭惡的特定一群化合物，對於大部分好聞的氣味，並不影響嗅覺。然而，由於氣味屏蔽膠僅針對預設的氣味群組作用，因此無法確保遮蔽所有惡臭的化學物質。

古埃及與羅馬、中世紀歐洲香水簡史

最初關於個人塗抹香氣的文獻由埃及人所記載，他們將花朵、藥草及香料灌入蠟柱，然後塗在頭上。當蠟融化時，其中富含的氣味也隨之飄出，使人們散發香氣。伊特魯斯坎人（Etrus-cans）也十分尊崇香氣，以致於伊特魯斯坎女性從未停止塗抹香水。伊特魯斯坎掌管裝飾的精靈名為拉薩（Lassa），她一絲不掛，長著一對翅膀，隨身帶一瓶香水。刻畫拉薩影像的黃銅鏡，是伊特魯斯坎女性的陪葬品，伴隨她們前往來世。羅馬人也是香水的鑑賞家，據說競技場上的戰士們於每次出賽前，都會針對身體每個部位塗上不同香氣的乳液。然而隨著基督教興起，人們對裝飾的嚴肅儉樸態度，讓香水一度消逝無蹤。可喜的是，這種對於自我氣味嚴守樸實的態度，並未成為香氣追尋者永久的絆腳石。

正當中世紀期間歐洲都市變得越來越擁擠，因而越來越惡臭時，擦香水的風氣也同時開始盛行，到了文藝復興時期，香水又復活了。在十六世紀及十七世紀時，對香氣的迷戀達到極致，人們甚至替寵物及珠寶塗上他們最愛的氣味。至十八世紀，香水享有崇高的時尚地位，而一個人的身分越顯要，所使用的香精就越高級。一七〇九年有位法國香水師提出，**不同階級應各自有不同的專屬氣味**。他為貴族調製了一種王室香水，為中產階級調製一種布爾喬亞香水，至於貧窮的下層階級，他認為只配使用殺菌劑。一七一五至一七七四年在位的法王路易十五，在他所謂的「芳香宮廷」（La Cour Parfume）中，所有貴族必須根據一星期內各個日數擦上不同香水。法國王室對香氣如痴如醉，有人還甚至願意為此犧牲性命。

一七九一年六月二十日，法皇路易十六、瑪麗．安東尼皇后及隨從們企圖逃到法國東部，在那兒有忠誠的軍隊正等候著接應。然而，他們在瓦倫紐斯（Varennes）被認出並逮捕，逃亡之行慘遭攔截。瑪麗．安東尼沉溺於她最愛的香水「皇后香跡」（Le Sillage de la Reine），是啟人疑竇繼而導致他們被逮捕的致命過失。根據某一派說法，當時有位警覺的女侍，觀察到皇后的胸前塞滿數月份的香水，發現皇室逃亡的意圖，因而吹了警笛。另一派說法則認為，單純是皇后濃郁芬芳的氣味與隨行旅客的臭味形成強烈對比，因此洩露了她的身分。

科隆之水、香奈兒五號，香水的性別

居住在德國科隆的義大利香水師，於一七〇九年創造了科隆之水（eau de cologne），即古龍水。科隆之水最初由迷迭香及柑橘精油溶解於酒中調製而成，曾被認為具有預防瘟疫的效果。科隆之水的氣味廣受歡迎，也是拿破崙最愛的香水，據說他每天早晨都將一小瓶科隆之水加入泡澡盆中。

在拿破崙統治期間，香氣仍不分性別，然而**到十九世紀晚期，香水便開始區分性別**。甜美的花香氣味被視為女性專屬，反之，強烈的森林、松木及雪松氣味則被認為具有男性特質。不過，香氣時尚的浪潮再度掀起一場鉅變。

在科技時代漸露端倪之際，伴隨的是對使用體香用品所抱持的保守態度。自二十世紀初期至中期，擁有實際社會地位的男性都停止擦抹香氣。在當時的社會期望下，男性只能散發乾淨的體味及菸草味。擁有社會地位的女性，則只應散發淡淡花香，與當時女性在世界上的無聲處境相符。唯有娼妓及毫無地位的人，才能暢快享用過去一度揚名的濃厚異國香氣。

香水在美國受到的打壓，卻意外地於一九五〇年代經濟衰退期間畫上休止符。一九二一年推出的香奈兒五號，是恩尼斯·鮑（Ernest Beaux）為可可·香奈兒（Gabrielle “Coco” Chanel）所開發的香水系列中第五款配方。香奈兒五號由花香氣味、木質氣味及香草氣味構成，上市後在法國及歐洲相當受歡迎，但一直到一九五〇年代初期於美國推出後，才真正成為香水界的超級巨星。知名影星瑪麗蓮·夢露（Marilyn Monroe）被問及穿什麼入睡時，甚至回答：「兩滴香奈兒五號。」自一九五〇年代中期，香奈兒五號便成為全世界最著名的香水，截至目前在香水界的銷售量仍讓對手望塵莫及。一九八五年安迪·沃荷（Andy Warhol）以一系列的九幅絹印版畫，讓香奈兒五號的身影流芳百世。

到了二十世紀末葉，各式各樣濃郁的女性香水再度風行，而男性香水則重新成為代表名望的時尚。如今，都市美型男是精調香水市場上最快速成長的消費族群。美國男性名牌香水於二〇〇六年銷售額高達九億美元，目前佔居龍頭的是喬治．亞曼尼（Giorgio Armani）旗下之寄情水（Acqua di Gio）。男性及女性的「名貴」香水，每年共同創造至少三十億的利潤。

以香水師的行話來講，香奈兒五號的氣味屬於「花香醛」（floral aldehyde）。目前還有許多其他暢銷香水，也由經典的花香氣味調製而成，但香奈兒五號更是第一款合成香水，亦即由化學物質組成的人工香水。在香水業尚未應用合成化學之前，香氣消褪得很快，人們必須不斷擦抹以維持芬芳。這樣龐大的需求，導致供應吃緊。茉莉是精調香水業最常使用的花材，要生產一磅的茉莉香精油，必須耗費五十磅以上的茉莉花朵。正因對天然茉莉花的持續需求，遊客才會在香水之都格拉斯（Grasse，靠近法國里維耶拉）目睹綿延不絕的潔白茉莉花海。

乳酪香水：香水與食物的聯姻

對於現今的香水唯美主義者，還有許多奇特產品可供選擇。其中較為破格的，便是狄蜜特香氛。從饒富玩心到令人咋舌的香氛產品，狄蜜特據稱擁有一百五十種氣味：聖水（Holy Water）、塵土（Dust）、彩色泥土（Playdoh）、天國的呼喚（Funeral Home）、平裝本（Paperback）及琴湯尼（Gin and Tonic），藝術鑑賞家甚至還能找到「這不是煙斗」（This Is Not a Pipe）ɗ的香氛款式。狄蜜特並未將自己局限於顛覆傳統，更明智地投資精調香水業最走紅的趨勢之一「食物」，推出了生日蛋糕（Birthday Cake）及壽司（Sushi）兩款香氛。倫敦《金融時報》（*Financial Times*）在最近的報導中，認定「食物」是香水開發的三大趨勢之一，與「東方」及「海洋」分庭抗禮。在取悅香氣考究家的市場上，狄蜜特並非唯一競爭的公司。位於英國薩里郡的斯第爾頓乳酪生產者協會（Stilton Cheese Makers Association），最近推出斯第爾頓乳酪香水做為二〇〇六年促銷宣傳的一部分，以鼓勵人們每天食用斯第爾頓乳酪。該協會發言人奈吉·懷特（Nigel White）表示：「藍紋斯第爾頓乳酪具有非常獨特的香醇氣味，而我們的香水師捕捉了這種氣味的精髓，並以一種非同尋常但又十分適合塗抹的香水再現這種香氣，是我們引以為傲的產品。」

要是乳酪香水無法打動你，那麼食物類香水裡應該還有其他熟悉的經典氣味，可以輕易俘獲你的心。走進任何一間美體小舖（Body Shop），你會立即瞭解果香氣味的香氛產品多麼廣受青睞，其中薩摩蜜橘、草莓及香草薰香油的銷售量更是名列前茅。不管是在休閒的或名貴的香水類別，香草確實都是最受歡迎的香精成分。

香水與食物的聯姻，不只在皮膚上擦的香水，也在食品上攙灑的調味料。某些勇於嘗試的廚師正使用香草、茉莉及薰衣草等香料，試驗並提出創新食譜，

d｜取自超現實主義畫家雷內·馬格利特（René Magritte）的畫作名稱。

準備在未來的晚宴上桌，讓你大快朵頤。17

第 7 章

渴癮

Craving

沒有任何愛比對食物的愛更真摯的了。

——喬治·伯納·蕭（George Bernard Shaw）

想吃炸雞翅或藥物上癮時，海馬迴都會發光

碰過像馬克及茱莉這樣的狀況嗎？

馬克人在廚房，才沒幾分鐘就已三度查看他的手錶。午後十一點二十二分——他知道這時 The Grille 餐廳已經打烊，但他對其招牌雞翅的慾望在腦中揮之不去，不禁垂涎欲滴。他想像炸得金黃酥脆的雞翅，淋上法蘭克氏（Frank's）美式辣椒醬及奶油醬，佐以大量 The Grille 出名的自製藍紋乳酪沾醬。不確定自己能否撐到明天 The Grille 開張的午餐時段，煩躁的他又巡視廚房一次。馬克充滿渴望，而非飢餓。這是爲了滿足一種非常特定的迫切需求所進行的獵食行動，他再次搜遍櫥櫃及冰箱，還是大失所望。最後，他在乳酪及義大利辣味香腸披薩面前停了下來。

馬克趕緊將這兩樣食物放進微波爐，巴望至少能稍微淡化他對酥脆香辣雞翅的渴望。兩分鐘後他咬了一口，嗯，味道差強人意，完全沒有達到目的。他皺著眉放下披薩，開始在腦海搜尋這時還營業的有哪些餐廳，可以滿足他享用雞翅的慾望。只要能想到任何地方，他願意付出半小時以上的車程把雞翅弄到手。

茱莉在辦公桌上坐立不安，無法專心處理面前的文件。她凝視電腦背後封著胡

蘿蔔棒及芹菜棒的保鮮袋。不！這絕不是她要的！她的心思飄向巧克力，細滑純濃的巧克力，更直截了當地說，是巷尾那家糕餅店所賣的濃厚無麵粉巧克力蛋糕。她想像自己用叉子劃開那一大塊黏稠的甜點，濃厚綿密的糖衣下，埋著溼潤紮實的細緻蛋糕。口水都要流下來了……她大聲咕噥：「我現在就要去買，我受夠節食了。無論如何一定要吃到那塊蛋糕！」

茱莉抓了大衣衝向門去，心頭小鹿撞個不停，期待舌尖上不久就能享受那濃密溼潤的黑色甜點。

瑪西亞．裴查（Marcia Pelchat）任職於莫乃爾化學感官中心，是一位美食家，也是食品及香料領域全球頂尖的專家，她表示**渴癮（craving）是「想吃特定一種食物的迫切慾望」**。關鍵字是迫切慾望及特定食物。對食物的渴癮不只是想吃而已；那強烈到讓人放下手邊的事，大半夜特地開車半小時，只為滿足對某種食物的慾望。渴癮也不像飢餓，畢竟任何食物都能充飢。當我們渴癮時，針對的是一種非常特定的食品，例如是雞翅而非披薩；巷尾糕餅店的無麵粉巧克力蛋糕，而非牛奶巧克力棒。其他任何熟悉的相似食品之所以無法滿足我們的慾望，是因為**渴癮與回憶相關，就好像知覺模板（sensory template）般，清楚知道慾望是否得到滿足**。披薩不符合馬克記憶中的雞翅知覺模板，所以無法消除他的渴癮。

在讀馬克的故事時，你或許認為可將雞翅代換成純古柯鹼，情節發展也會類似。你是對的！食物渴癮與藥物上癮非常類似。有關藥物及酒精成癮的神經構造位於邊緣系統及其周圍，而邊緣系統是腦部掌控情緒及動機的中樞。神經影像研究已證實，當成癮者渴望取得藥物及酒精時，會顯示活性的部位包括杏仁核、海馬迴（hippocampus）、腦島（insula）、尾核（caudate）及眼窩額葉皮質（orbitofrontal cortex）。

為了驗證同樣的神經構造是否與食物渴癮有關，瑪西亞．裴查及其同事進行一項實驗，讓受試者接受單調無變化的飲食，藉此誘發食物渴癮。[1]受試者僅食用營養均衡卻淡而無味的液態飲食，經過幾天後安排他們接受腦部功能性磁振造影（fMRI）檢查[a]。這個實驗是量身訂做的，研究人員事先已針對每位受試者調查兩種最愛食物的名稱。在受試者接受腦部功能性磁振造影的同時，這些最愛食物的名稱會顯示在螢幕上，而受試者也被要求在看到名稱時想像該種食物。研究結果顯示，當受試者在幻想他們的最愛食物時，腦部影像發光的部位就類似藥物及酒精成癮者正渴望禁忌之娛，尤其是在海馬迴、腦島及尾核。

換句話說，馬克之所以那麼渴望雞翅，是因為他的腦部所起的反應如同急需抽菸或吸古柯鹼一般。享用甜食所產生的愉悅是與生俱來的，才幾個小時大

a｜fMRI爲首字母縮略字，代表「功能性磁振造影」（functional Magnetic Resonance Imaging），是改良標準磁振造影的一種醫學測量方式，能在腦部從事「功能」期間監測其活性。

的新生兒在舌頭上有糖時，就懂得咧嘴笑。當成癮者手頭沒有藥物或酒精，他們對碳水化合物的渴望比常人更大，特別是對甜食，這種現象在酒精成癮者身上尤其明顯。對甜食的胃口過好，與對其他成癮物質難以抗拒的慾望，兩者之間的關聯性如此密切且受到公認，以致於針對藥物或酒精濫用者的成癮治療方案，皆建議以甜點做為減輕癮頭的方式。

渴望食物的慾望其實就是性慾

食物渴癮可說是所有慾望的源頭，包括性慾。茱莉的故事若將巧克力蛋糕的字眼替換掉的話，活脫是即將上演的情色場景。裴查的研究顯示，腦島除了是受試者渴癮食物時所活化的三個腦部構造之一，也是性慾高漲時主要活化的腦部構造。**茱莉對無麵粉巧克力蛋糕的慾望，其實就是性慾**。飲食之樂乃一切愉悅的泉源。

將近百分之百的年輕女性及百分之七十的年輕男性表示，過去一年內曾經歷過至少一次食物渴癮，但渴癮的食物種類卻男女有別。兩性渴癮食物的類別分布大略呈現六四分的比例，其中女性偏好甜食，而男性偏好肉排。也就是說，百分之六十的女性渴癮的食物是甜食，由巧克力獨占鰲頭；另一方面，百分之六十的男性渴癮的食物是香辣開胃菜，如雞翅。不難想像的是，節食者比非節食者容易渴癮食物。事實上，瑪西亞．裴查的一項研究顯示，節食中的年輕男性及女性（介於十八至三十五歲間），百分之百都曾渴癮食物。

食物渴癮的現象通常在過了六十五歲後明顯減少，即使節食期間也不例外。男性與女性年過六十五後，渴癮的食物種類也越來越像。雖然年輕時渴癮甜食的女性多於男性，但年長後，渴癮甜食的女性大幅減少，比例相當於同齡男性。瑪西亞．裴查推測，女性荷爾蒙可能是女性對甜食渴癮的驅動者，這也可以解釋在月經前與月經來潮期間，女性對巧克力等甜食的口慾特別高的現象b。

年長者一般對食物渴癮的機率較低，也有可能是嗅覺功能退化的緣故。介於六十五至八十歲的人，有四分之一的比例喪失嗅覺，而過了八十歲後，半數的人有嚴重的嗅覺缺失症。由於嗅覺缺失症的好發率隨著年齡逐漸上升，大眾及醫療界對嗅覺也不甚重視，許多患者不願向家人或醫師透露自己的嗅覺功能衰退，因此大多數年長者忽視，及／或未察覺自己有如此嚴重的殘缺。實際上，一項針對年長者檢測嗅覺敏感度的研究發現，使用嗅覺計（olfactometer）這種儀器呈現氣味卻不給予任何視覺線索時，受測者通常會問：「你怎麼還沒拿東西給我聞呢？」但其實研究人員已給予他們許多種氣味，且在同樣檢測下，較年輕的人皆可輕易察覺。隨著年歲增長而喪失嗅覺敏銳度，也是年長者在食物中鹽

b｜巧克力與月經週期之間的關聯性尚未獲得充分的科學證據，因此無法驟下定論。

分放得那麼重的緣故，他們以為多放點鹽可以為食物增添風味，但真正增添的卻僅是鹹味而已。

味覺的科學：灑鹽能讓葡萄柚變甜

我們口語所稱的「味覺」，即從飲食獲得的口腔知覺，其實是許多因素共同形成的複雜感覺，包含味覺、溫度覺、口腔對脂肪和其他食材的觸覺，以及最重要的嗅覺。當你咬著一大塊Godiva巧克力時，體驗到的是舌間柔滑的觸感，甜苦夾雜的味覺，還有更明顯的是巧克力的香氣。

也許你對四種基本味覺已相當熟悉，但其實基本味覺總共有五種，分別是鹹味、酸味、甜味、苦味，以及最近才剛發現的第五味覺，鮮味（umami）。鮮味由日本研究人員率先發現，並粗略從日文譯為英文的「美味」或「開胃」。所謂基本味覺，代表這種味覺的感知，是透過特定生化物質與特定受器間互相作用而產生的。在五種生化物質與對應的五種受器細胞之間，分別有五類不同的交互作用，產生鹹味、酸味、甜味、苦味及鮮味的知覺。

鮮味由麩胺酸鈉（monosodium glutamate, MSG）這種胺基酸所產生，亦可視為對純蛋白質的味覺。在西式料理中，**鮮味的最佳範例就是高湯**。**酸味來**

自酸性化合物，亦即酸鹼值低於七的化合物，例如檸檬所含有的檸檬酸或維他命C（也稱作抗壞血酸）。**鹹味來自酸鹼混合物質**，以常用的調味鹽氯化鈉為例，鈉屬於鹼，而氯屬於酸。氯化鈉僅是眾多鹽類的其中之一，但卻是我們最愛的一種。**甜味通常來自碳水化合物**，比如葡萄糖、果糖、蔗糖等等，任何屬於單一碳水化合物的糖類嚐起來都是甜的。但即使除去任何碳水化合物或卡路里仍可產生甜味，例如紐特（NutraSweet）公司所製造的阿斯巴甜（aspartame），其實是一種胺基酸。**苦味來自生物鹼**，亦即酸鹼值高於七的化合物，例如開胃水的主要成分奎寧（quinine）。**世界上最苦的物質是苯甲地那銨**（denatonium benzoate），殺蟲劑及家用清潔劑經常添加這種化合物，以避免意外食用而導致中毒。

各類基本味覺共同存在時，彼此也有交互作用。尤其是鹹味，與其他味覺產生非常正向的交互作用，因此是得力的烹飪助手。**鹹味可阻斷苦味，並讓食物原本產生的甜味更加明顯**。下次早餐吃葡萄柚時，你可以試著灑點鹽，來驗證這樣的說法是否屬實。鹽其實比糖有效得多，因為它阻斷苦味，並凸顯水果的天然甜味，不過這也會讓葡萄柚嚐起來鹹鹹的。

在常見的家用產品中，也能找到某些化學物質來阻斷特定味覺受器。你可曾注意到，刷過牙再吃柳橙時簡直苦得要命？這是因為**牙膏含有的化合物抑制**

了舌頭上的甜味受器，所以對於柳橙，你只能嚐到產生苦味的化合物。這種抑制作用是暫時的，在吸入第一口柳橙汁前先咬片吐司，即能消除這種作用。

味覺是天生，嗅覺則靠後天學習

唾液將味道溶解其中，透過唾液這個媒介，味道才能接觸味覺受器細胞。唾液其實內含鈉離子，因此有稍微的鹹味，不過你可能從未察覺，因為你早已適應這樣的鹹度。任何嚐起來有鹹味的物質，內含的鈉離子必定比你口中的唾液更多。味覺受器分布於味蕾裡的細胞，大多數人以為味覺局限在舌頭上，但其實整個口腔都能感受味覺。味蕾的位置所在，又稱為乳突（papillae），就是舌頭、上顎、喉嚨及雙頰內部的小凹陷及溝紋。你在舌頭上看到的是乳突，而非味蕾。每座乳突內含許多味蕾，平均數目約是六個，而每個味蕾擁有四十至六十個味覺細胞，就像柳橙般一瓣一瓣排列。舌頭本身含有約五千個味蕾，而口腔所有其他味覺區域，則共含有約一萬個味蕾。**除此之外，所有你認爲的「味覺」，其實都來自嗅覺**。

區分味覺與嗅覺的主要特徵之一，在於**我們對味道的反應絕大多數是天生預設好的，而我們對於氣味的反應則經由學習獲得**。在新生兒的舌頭上灑一滴糖水可以引起笑容，而灑一滴奎寧水的話，則產生典型的噁心表情，這剛好就是厭惡情緒下同樣會出現的臉部表情c。另外，灑一滴醋在新生兒的舌頭上，會讓他們噘起嘴唇，就像我們吸吮檸檬時的反應一樣。對於鹹味的反應，在出生後一段時間才會形成，並且取決於濃度，低濃度的鹹味引發笑容，高濃度的鹹味則產生不怎麼高興的表情。目前尚未有文獻記載新生兒對鮮味的臉部表情，但根據成人對鮮味的正向反應，可以推測新生兒在嚐到鮮味時，應該會有愉快的表情。

基本味覺是架構飲食體驗的基礎符號，而對這些味覺的追求或迴避，導致健康、政治、科學及經濟方面的重大影響。以下將敘述苦味、甜味及鹹味所導致的某些行為及後果。

成爲一個愛酒人的關鍵是對苦味不敏感？

苦的東西經常有毒，但蔬菜所具有的某些苦味化合物，卻十分有益健康，特別是能降低癌症危險性。由於攝取苦味的食物就某種程度而言對生存有利，因此從演化的角度而言，最適當的作法是謹慎面對，但不完全排斥苦的物質。然而，有一大堆人就是無法吞下綠色蔬菜，因為那對他們來說太難受了！我也

c｜這暗示著厭惡的情緒源自對苦味反應的生理基礎。

是其中之一，而我們這種人被稱為「超級味覺者」（supertasters）。這個稱號由琳達·巴特舒克（Linda Bartoshuk）提出，她在味覺及口腔知覺領域是世界知名的先驅及專家。「超級味覺者」在第七對染色體上有套對偶基因均為顯性；「一般味覺者」（tasters）對苦味敏感但不過度，他們的這套對偶基因一邊為顯性，一邊為隱性；而「無感味覺者」（nontasters）的這套對偶基因則均為隱性。以味覺者狀態的基因做區分，人口大約呈現三分的局面。

琳達·巴特舒克利用丙硫氧嘧啶（propylthiouracil, PROP）這種物質，研發一種檢測味覺者狀態的標準化方式。我曾接受過這種檢測，因此知道自己是個超級味覺者。對此我的母親可能早就十分清楚，童年時期她不斷忍受我拒絕萵苣、西洋水芹、甘藍等諸多「美味」蔬菜。其實不用檢測也能知道，自己落在味覺者狀態光譜的哪個位置，只要回想你對萵苣、芹菜等蔬菜的反應，還有對金巴利蘇打水（Campari and soda）的喜好即可。相較於一般味覺者，超級味覺者擁有更多乳突，因此具備更多味蕾及味覺細胞，導致他們所體驗的各種味覺都較為強烈。**超級味覺者吃辣椒時，體驗的灼燒感是無感味覺者的四倍**，品嚐食物所獲得的乳脂感及油膩感也比無感味覺者要豐富二至三倍。由於超級味覺者的味覺敏感度較高，對甜食及油脂食物可能較快感到厭膩，因此他們的身體質量指數（BMI）通常稍微低於無感味覺者。

身為超級味覺者的女性多於男性，亞洲人的比例大於其他種族，廚師也比較可能是超級味覺者。也許讓人成為廚師的原因之一，就是他們的味覺世界較為強烈。除了左右職業生涯走向外，味覺者狀態也會影響其他行為，而且並非都是有益的。前面曾提及，超級味覺者不喜歡各種多葉綠色蔬菜，因此對這些蔬菜敬而遠之。這是因為多葉綠色蔬菜富含生物鹼，而生物鹼嚐起來是苦的。但是，蔬菜攝取量不足是癌症的危險因子之一。康乃迪克大學的維樂瑞．達菲（Valerie Duffy）及其任職於榮民事務醫院的同事，在接受例行大腸鏡檢查的老年男性身上發現，超級味覺者具有最多大腸息肉，而大腸息肉正是大腸癌的先兆。2在女性的婦科癌症方面，也觀察到類似的相關性。3因此，超級味覺者的體質會造成可能有害健康的行為（瞭解到這一點後，我嘗試強迫自己吃甘藍菜，至少是偶爾啦……當我這麼做時，會添加許多鹽，因為鹹味可以淡化苦味）。

另一個與味覺者狀態相關的行為是酗酒。無感味覺者在酗酒者中占的比例，高於一般味覺者或超級味覺者。由於酒精嚐起來有苦味，為了喝酒必須克服對苦味的厭惡感，但若對苦味不怎麼敏感，需要克服的地方就比較少，因此可輕易地喝更多的酒。酒精攝取總量，以及飲酒經歷的時間長短，是產生酒癮的兩個重要潛在因素。

代糖反而讓我們吃更多糖之謎

哥倫布（Christopher Columbus）將甘蔗引入舊世界當時，糖是一種奢侈的舶來品，在此之前大多數歐洲人從未吃過糖，但他們不久便對糖愛不釋手。美國於一七〇〇年成為巨大的糖製造機，每年供應英國每人四磅的糖。到一八〇〇年，每位英國居民每年可以吃掉十八磅的糖，而一九〇〇年時，他們每人每年吞下九十磅的糖。過去幾世紀以來，這項數據不斷攀升，但沒有任何地方像美國飆漲得如此劇烈。美國於二〇〇五年平均每人消耗掉一百四十磅各式各樣的糖，而高果糖玉米糖漿是其中最貪得無厭的一款。這麼高的年度嗜糖量，是一般德國人的一點五倍，且足足超過一般中國人九倍之多。整體而言，二〇〇五年全球共消耗將近三千億磅的糖。

我們之所以天生喜愛甜味，是因為那意味著碳水化合物，而在這食物有限的世界裡，碳水化合物是生存必需品。儘管許多動物也靠碳水化合物維生，卻沒有任何物種像人類一樣嗜甜如命，而貓和雞甚至無法吃糖！

對糖永無止盡的貪慾，成就我們不斷擴張的腰圍，為遏阻肥胖，我們轉而求助人工增甜劑做為絕佳第二選擇。人工增甜劑的問題之一是，它們嚐起來就是跟糖不一樣。另外，人工增甜劑往往增進而非抑制食慾。一九八六年的一項流行病學研究發現，攝取人工增甜劑的女性體重反而增加。英國體重管理領域的專家約翰．布蘭德爾（John Blundell），同年於醫學期刊《刺胳針》（*Lancet*）上發表一篇挑起話題的文章，認為阿斯巴甜的確會增進食慾。根據布蘭德爾及其同事安德魯．希爾（Andrew Hill）的觀察，個體在攝取含有阿斯巴甜的產品後，會增加下一餐的進食量。美國於二〇〇五年平均每人攝取約二十四磅的人工增甜劑，相較於一九八〇年成長了將近一倍。也許你以為，攝取這麼大量的糖類替代物表示人們食用的糖會減少，但事實恰恰相反，二〇〇五年每人攝取的糖量增加了幾乎二十五個百分比。**是否人工增甜劑確實讓人更加肥胖，是個富爭議性且尚待解答的議題**。但這並未扼殺調味產業的鴻鵠大志，去創造真正嚐起來像糖的人工增甜劑。

關於人工增甜劑，製造廠商必須承認的最大問題是，它們就是比不上真正的糖。紐特公司於一九八一年上市的阿斯巴甜，由苯丙胺酸（phenylalanine）及天門冬酸（aspartic acid）這兩種常見胺基酸，再加上甲基組合而成。每一盎司的阿斯巴甜，比每一盎司的糖甜上兩百倍。但阿斯巴甜無法用於烹飪或烘培，因為它遇熱則分解，並且會隨著時間崩解而失去甜度。所以超過「保存期限」的健怡可樂，喝起來就不太甜。根據許多代糖飲料的消費者自述，他們從未對阿斯巴甜的「甜」味滿意過。

自一九八〇年代初期，紐特公司就開始尋覓更好的增甜劑，在法國里昂克勞德貝爾納大學（Claude Bernard University）研究員克勞德．諾飛利（Claude Nofre）及尚馬利．廷替（Jean-Marie Tinti）的協助下，最後的勝利者「紐甜」（neotame）終於誕生。紐甜是阿斯巴甜加上一個碳鏈及一個氫原子的變化形，在烹飪過程中不會失去風味或分解，而且甜度約是糖的八千倍以上。美國食品及藥物管理局（FDA）於二〇〇二年核准紐甜做為增甜劑，而二〇〇六年紐甜在美國初試啼聲，上市 Ice Breakers 爽口糖及 SunnyD 減糖柳橙汁等產品。從味道的觀點來看，紐甜的問題是太慢，也就是說，紐甜需要較長的時間才能在舌頭上發揮作用，而且在食用含有紐甜的產品後，效果會持續很久。至於紐甜的消費者滿意度及銷售狀況，就留待時間驗證了。

雖然未臻完美，紐特公司的總裁克雷格．沛崔（Craig Petray）聲稱，該公司將不再試圖改進紐甜，也不再研發任何新的零熱量神奇代糖。反之，紐特公司會集中精力混合既有的人工增甜劑，將每一種人工增甜劑的缺點降到最小，再與糖結合，盡可能取代糖以減少熱量。

事實上，糖才是甜味的關鍵，最佳人工增甜劑也不過是陪襯的綠葉，而瞭解到這一點的並非只有紐特公司。加州大學聖地牙哥分校的分子生物學家查爾斯．蘇克（Charles Zucker），是生技公司塞諾米克斯（Senomyx）的創立者之一。塞諾米克斯公司致力於研究味覺受器，取得相關專利，並積極設法克服代糖的難題。蘇克及其同事已發現，每個味蕾內的每個細胞分別察覺特定一種基本味覺。某些細胞只負責察覺甜味，某些只負責苦味，以此類推。塞諾米克斯公司利用一種稱為「高速篩選d」的技術，來辨識活化各種甜味受器的特定化學物質。若發現甜味受器的最佳化學「刺激物」，將當作「甜味增強劑」上市，而非增甜劑本身。甜味增強劑代表加強甜味知覺的化學物質，亦即用少量的糖加上增強劑，就能造成大量天然的糖所產生的同樣甜味知覺。塞諾米克斯公司的其中一種甜味增強劑叫做「九五一號物質」（Substance 951），僅靠百萬分之一左右的濃度，就能讓罐裝蘇打水扣除百分之四十的糖分，並且絲毫不減其甜度。像九五一號物質這類味覺增強劑，使用量微小到甚至不須列在成分標示上，因此享受美味的同時，你對它們的存在根本渾然不覺。

只要「嚐到鹽」就能抑制鹽份攝取過量

鹽，就是你灑在牛排、玉米、蔬菜湯及葡萄柚上的白色粒狀礦物質氯化鈉，可以降低食物的苦味，凸顯甜味，並增添食品科學家所謂的順口度（roundness），亦即修飾較刺激強烈的味道，讓食物嚐起來風味更佳。

d｜高速篩選（High Throughput Screening）是目前生化產業及研究普遍使用的技術，可以針對特定一個生物系統進行非常大量的化合物檢測（例如，每天檢測上萬件）。

鹽是人體的一部分，是人類生存必要之物。我們的血液、汗液及淚液之所以嚐起來有鹹味，是因為鹽存在所有的體液裡。人類要是沒有攝取鹽分就會死亡，因為人體無法製造鈉或氯，必須從體外的來源取得鹽分。成千上萬的軍隊在拿破崙從莫斯科撤退期間喪命，其實就是飲食缺乏鹽分，導致傷口無法癒合的緣故。

人類和其他動物一樣，必須從外界取得鹽分才得以維生，因此我們的行為應該要有助於這項需求。「嗜鹽」(salt appetite)是一種藉由實驗誘發的行為，可以在飲食被剝奪鹽分的大白鼠身上觀察到。嗜鹽的大白鼠會積極地四處搜尋及嗅聞，並對環境中所有物體都略作啃食，就像在找某樣特定的東西一樣，而且這種行為會不斷持續，直到尋獲含有鹽分的食物為止。當嗜鹽的大白鼠來到含有氯化鈉的食物來源面前，味覺會本能地辨識出這項必要的營養成分，屆時大白鼠將立即狼吞虎嚥個夠，讓體內鈉濃度回復正常。飲食被限制鹽分的大白鼠所表現出來的行為，在人類身上相當罕見，當然，刻意誘發這樣的行為也有違道德。然而，戰爭等極端的情況常造成嚴重缺鈉的局面，並很可能導致某些酷似嗜鹽大白鼠的行為。

世界各地的人都喜歡鹽，但北美洲人對鹹味更情有獨鍾。儘管一般認為鹽的消耗量在十九世紀的歐洲達到巔峰，人們當時透過食用火腿、培根及其他鹹味的肉和魚，每天攝取相當於十八克的鹽分，然而現今大多數美國人每天同樣消耗十八克以上的鹽。成人每天攝取的鹽分僅需零點五克即可維生，且醫學準則建議每天不要超過六克。這代表美國人每天平均消耗超過標準百分之三百的鹽分，而過量攝取鹽分已證實與疾病直接相關，例如高血壓及心血管疾病。

我們之所以吃這麼多鹽，主要是因為熱愛鹹味。但我們如此熱愛鹹味，其實是食入大量鹽分的緣故。莫乃爾化學感官中心於一九八〇年代早期進行一項研究，安排一群年輕成人自行維持低鈉飲食，為期五個月。研究人員在開始降低飲食鹽分兩個月前，以及降低飲食鹽分的五個月期間，皆針對受試者對湯品及餅乾的鹹味偏好做記錄。另外一群對照組的成人，飲食並未限制鹽分攝取，也在同一期間提供他們對湯品及餅乾的鹹味偏好評分以做參考。這項研究的結果顯示，在飲食鹽分受限制的組別中，受試者顯著減少對湯品及餅乾所偏好的鹹度，而對照組的受試者則否。[4]光靠改變鹽分調味習慣，就可降低我們對食物鹹味所熱愛的程度。另外一項研究安排受試者每天吞下一顆鹽錠，同時減少他們自食物所嚐到的鹽分總量。也就是說，他們攝取的鹽分總量維持不變，但口腔所體驗到的鹽分總量則否。結果受試者對食物的鹹味偏好程度，也轉而降低。[5]這意謂，**藉由減少我們所「嚐到」的鹽分，便能有效率地削弱我們對鹹味食物的口慾。**

看來似乎只要咬緊牙關，少吃一點炸馬鈴薯片，桌面上也不放鹽瓶，就能停止對鹹味的慾望，並吃更少的鹽。只不過，要人們堅持或甚至開始低鹽飲食談何容易，畢竟鹹味是如此誘人的口味，也確實讓我們的飲食體驗更加豐富。此外，在自己控制下加入食物的鹽，僅占鹽分攝取總量的百分之十五而已，其餘則來自食品加工過程中添加的鹽分，或食物天然賦有的鹽分，如一顆番茄就含有十四毫克的鈉，而一杯牛奶含有一百二十二毫克的鈉。我們攝取的鹽分，百分之七十五來自加工食品，甚至是看起來顯然不屬於鹹味的加工產品。一般從商店購買的原味培果，即含有我們一天生理所需五百毫克的鹽分，而半杯卡達乳酪也是如此。如果想要掌握自己的飲食，有效降低鹽分攝取總量，則必須耗費時間一絲不苟地詳閱食品標示，或在不添加鹽分的情況下，自己種植、獵捕及處理所有食物。

由於平時享用的加工食品含有如此多鹽分，過量攝取鹽分會對健康造成的負面影響，及人類對鹽與生俱來始終不渝的喜好，綜合以上種種考量，理應有座金礦等待人造鹽產業挖掘才對。然而，相較於代糖，代鹽的研發就沒那麼簡單，因為鹹味體驗的生化機轉仍屬未知。尋找不含鈉且安全的鹹味化學物質，對目前的科技而言，簡直就像海底撈針。由於在味蕾中尚未發現鈉所作用的受器，要像塞諾米克斯公司那樣透過鹹味受器尋找鹹味增強劑，目前是不可能的。

鹽產業者正狂熱思索這道謎題，可以確定的是，一旦答案揭曉，你便能在市場上發現這努力的代價。

食物的美味取決於嗅覺

某些人為生存而飲食，其他人則為飲食而生存。無論你是哪種人，**若失去嗅覺，你也只能爲生存而飲食了**。這就是當人們像麥克．赫金斯般失去嗅覺時，總以為自己同樣失去味覺的緣故。他們大部分的人味覺完好如初，但飲食經驗變得如此索然無味，以致於他們認定自己也失去味覺。少了嗅覺，雪碧與可樂嚐起來完全相同，水蜜桃等於甜味加上點酸味，牛排就只有鹹味，如此而已。人們互相討論前一天晚餐中朝鮮薊的「味道」時，其實真正指的是「滋味」。滋味是基本味覺與嗅覺的結合。

當你進食時，會聞到食物兩次：首先是食物靠近嘴巴時，氣味通過鼻子而聞到的鼻前嗅覺（orthonasal olfaction）；再來是食物及飲料已進入口腔後，散發的氣味從口腔向後（因此以「後」為名），沿著上顎向上進入鼻腔而聞到的鼻後嗅覺（retronasal olfaction）。**鼻後嗅覺似乎來自口腔感受的「味覺」，但這完全是個錯覺**。人們喪失嗅覺後堅信自己也喪失味覺的事實，正說明這種錯覺有多麼強烈。我們的腦子隻手遮天，天衣無縫地接合味覺及嗅覺，以賦予我們建構飲食世界的豐富滋味。

鼻後嗅覺如同鼻前嗅覺般仰賴空氣的流動，這也是為什麼感冒時食物「嚐起來就是不對勁」。當鼻塞時，將炸得金黃酥脆的薯條靠近嘴邊，氣味也無法進入鼻腔形成鼻前嗅覺，且口腔到鼻腔的通道也阻塞了，因此同樣無法形成鼻後嗅覺。所以雖然金黃色的薯條看來美味，你也記得它們曾帶來的可口體驗，但**感冒時吃薯條，就像啃食油膩濃鹹的硬紙板一樣**。下次感冒時，請人蒙住你的眼睛，試看看自己能否區分生馬鈴薯與蘋果之間的差異。在相同溫度下，紅酒與咖啡也毫無二致。

除等待流感季節降臨外，親自瞭解嗅覺對滋味多麼重要的另一個方法，就是這項簡單的「雷根糖測驗」。用兩根指頭捏住鼻子，再將一粒雷根糖放入口內，然後咀嚼，這時你能嚐到的只有甜味。接著鬆開鼻孔並持續咀嚼，啊哈，萊姆、甘草、草莓等任何添加滋味的氣味分子將帶來驚喜，讓你感受口中雷根糖的「味道」。

從香料到合成調味料，顛覆烹飪史

食物在中世紀並不特別美味，肉以鹽醃製保存，然後燒到焦黑為止。當馬可波羅從義大利千里迢迢旅行至亞洲，之後將香料帶回歐洲時，徹底顛覆了烹飪及社會秩序。君權更迭，宗教興起，戰事上演，商人財運亨通，一切皆以香料的名義。香料在當時是人人覬覦，但唯有富裕權貴者才能擁有這烹飪奢侈品。**購買一磅薑需要付出一隻綿羊，胡椒的價值更勝黃金**，阿拉伯商人便以胡椒籽進行交易。下次補充胡椒研磨罐，當溢出的胡椒籽掉落地板時，可別忘了拾起這寶貴的黑色黃金。

如今，不再需要長途跋涉至錫蘭獲取肉桂，或遠從馬達加斯加訂購香草，統治商業世界的「香料」已由調味料工業所研發的化學物質構成。你可能尚未察覺，但大量生產的調味料已主宰我們的飲食體驗。每年大量生產的調味料，全球銷售額約高達八十億美元。典型美國人的飲食中，有三分之二是包裝或加工食品，亦即添加調味料的食品。除去這些調味料，你的冷凍晚餐「法式雞肉蔬菜煲」將難以下嚥。此外，這些調味料大多是人工製造的。然而天然與合成的區隔僅止於人工製造本身，我們只是偏愛「天然」的意涵，因此認為含有「天然」成分的產品有較好的品質。

為了證明天然與人造之間的分野多麼虛幻，我進行一項實驗，讓受試者猜測或被告知各種香精是天然的還是合成的，不管香精的來源究竟為何。我發現在相同的氣味下，當受試者相信香精渾然天成而非人工合成時，無論是透過自己的決定或被告知如此，都會認為氣味比較好聞。此外，當被要求判斷哪些香精是天然的，而哪些是合成的時，命中率就如同擲幣瞎猜一樣低。**天然與合成之間的差異，只存在我們的想法及審美觀裡。6**

如同氣味，所有調味料都是化學物質。**調味料純粹就是一種可以食用的香氣**，因此同樣氣味製成調味料或製成加入肥皂或香水的香精，兩者的安全標準及原料來源規範就有所差別。草莓香精與草莓調味料在我們鼻腔產生的作用一模一樣，只是後者通過可食性的安全測試，而前者則否。

在調味料產業界裡，沒有所謂唯一的「草莓調味料」或「洋蔥調味料」。實際上，每種調味料都有上千種變化，會隨著用途不同而略有差異。世界最大的香料香精公司奇華頓（Givau-dan），集團總部位於瑞士韋爾涅市（Vernier），香料工廠位於美國俄亥俄州辛辛那提市，他們光是「草莓」調味料就有六千多種版本。加入糖果、優格、果凍及果塔餡餅（Pop-Tarts）的「草莓調味料」各不相同。**草莓口味果塔餡餅內的果醬，無意模仿新鮮草莓的味道，而希望創造專屬果塔餡餅品牌的正宗草莓風味**。奇華頓公司也創造了四千多種柳橙調味料，三千多種雞肉調味料，五千多種牛肉調味料，以及數千種奶油調味料，且這只針對北美洲市場。至於亞洲及歐洲市場還另有上千種調味料版本，依照各自特有的烹飪喜好而設計。

以商業的角度而言，人造材料終究是遠比天然材料低廉。在一罐義大利麵醬內放二十顆番茄，確實會得到鮮美的番茄醬汁，然而成本將過於高昂而無法生產。要是降低番茄總量，並以調味料成分取代，將更加符合成本效益。除了取代食材外，調味料也能替補烹飪過程。與其加上十種不同香料慢火燉肉六個小時，不如加上「嚐起來」就像波隆納肉醬的綜合調味料，輕而易舉且迅速地帶來同樣飲食體驗。另外，人工調味料是高度濃縮的，因此少許用量就能達到理想滋味。一罐加工過的義大利麵醬，僅含有約百分之一的調味料成分。

美國兒童喝葡萄汁，英國兒童愛黑醋栗

人們因文化影響而對特定食物兩極化的反應，相關事例不勝枚舉。亞洲人認為乳酪令人作嘔，歐美人卻對乳酪愛不釋手。日本人早餐吃的「納豆」（一種由發酵黃豆製成的菜餚），其他文化的人卻碰都不敢碰。事實上，對於所謂「正常的」食物滋味，仍多少有超越文化的共識存在。油炸綠番茄之於美國某些南方

人的誘人程度，如同油炸蠍子之於中國某些北方人，雖然其他方面無法相提並論。

然而，若你前往布宜諾斯艾利斯、吉隆坡或巴黎，也能發現麥當勞、青箭口香糖、可口可樂、星巴克及士力架巧克力棒。隨著地球村內的互動越來越頻繁及緊密，許多滋味廣受世界各地認同及喜愛，而某些料理，如印度、泰國及墨西哥料理，在大部分都會中心都吃得到。儘管如此，大多數人的飲食多半是由非常地方性的風味所構成。每個人或許都愛吃烘焙過的麵糰，但烘焙麵糰受歡迎的特質則因文化而異，從甜味，到辣味，乃至於鹹味都有可能。中國的炸肉捲、瓜地馬拉的香辣炸餡餅、美國的炸蘋果甜甜圈，嚐起來口味截然不同，卻都屬於油炸麵食。

各地兒童最愛的口味也天差地遠，即便是歐洲與美國之間。水蜜桃口味在歐洲備受好評，但在美國竟是最不受歡迎的口味之一。葡萄口味的紫色果凍及果汁，在美國獲得最多人喜愛，但也僅限於美國。在英國，黑醋栗口味才是紫色果凍及果汁的銷售冠軍。儘管幾乎所有小孩都愛喝柳橙汁，但他們對橘黃色的果汁並非都照單全收。德國兒童喜愛胡蘿蔔汁，但在美國唯獨健康食品狂熱份子的兒女，才有可能主動要求胡蘿蔔汁。不同民族也會凸顯或遮掩許多食物的基本風味。美國往往掩飾大豆類食品的大豆風味，因為美國人不怎麼喜歡大豆實際的味道。反之，亞洲會在大豆類食品中加入調味料增添「大豆味」，因為這相當受亞洲人歡迎。

喪失嗅覺也讓提示用餐時間的氣味信號失靈

艾德漫步於羅馬街頭，赫然發現自己手足無措地站在義式餐館前。他還沒瞭解到自己餓了，但香蒜煎牛至（oregano）及番茄，還有透過窗戶就能看到剛出爐的烤麵糰，陣陣香氣撲鼻而來，令人無從抗拒。「我現在就得吃到道地的義大利披薩。」他大聲喃喃自語，一邊轉開餐廳大門。

食物香氣經常誘發對該種食物的渴癮，即使自認不會渴癮食物的人也不例外。這些嗅覺誘因之於食物購買行為是如此有效的動力，以致於食品商店老是利用此弱點，在購物中心及電影院等處佔我們便宜。潔淨無塵的購物中心，四處不見麵包坊，眼前只有間小小的餅乾舖，然而巧克力碎片餅乾的氣味卻強烈到令人垂涎欲滴。你也許納悶這怎麼可能，這是因為氣味釋放機正將誘人的香氣打入空氣中。這些芳香儀器被廣泛使用於招攬生意。在公共場所誘惑你的食物氣味，幾乎都來自這類機器，而非廚房。另外，供應「現煮咖啡」的商家們，則是放大真實現煮咖啡的氣味來引誘顧客。

長期節食者對食物香氣的渴癮信號特別沒有抵抗力，當披薩或餅乾氣味飄至鼻尖，他們再也無法抗拒誘惑，反而比非節食者吃下更多食物。食物氣味能促進食慾，相對地，一旦失去嗅覺，人們通常不知如何拿捏用餐的時間或分量。許多嗅覺缺失症患者的體重會起變化，原因可能是努力補償某些失去的滿足感，導致食量大過以往；或者食物的吸引力降低，甚至不記得用餐，導致食量減少，因而體重減輕。大多數人對飽食或飢餓的內在生理信號不怎麼在意，以致於許多人吃得過飽，而某些忙碌及心煩的人甚至會「忘了吃飯」。嗅覺讓食物香氣成為強效的開胃菜，不管是對健忘的人，還是對貪吃的人。反之，無法察覺氣味，可讓人吃不少苦頭。潔西卡．羅斯告訴我，現在唯有自己注意時間或經別人提醒，她才知道吃飯的時間到了。

食物香氣做為用餐時間提示的功能，對年長者格外具有意義。**年過八十的人，實際上約半數已完全喪失嗅覺**，這代表對大部分這個年齡層的人而言，提示用餐時間的氣味信號徹底失靈。這導致一個不容忽視的事實，相當多的年長者可能進食量不足，或攝取營養不均衡的食物。營養失調造成思考及性格的陰暗面，讓人易怒、困惑及健忘，看起來就像罹患失智症一樣。由於實在太過類似，年長者有時會被誤診成失智症，並接受相關治療，雖然所有問題只出在嗅覺喪失導致之營養失調。誠然，**嗅覺喪失可以是阿茲海默症等失智症診斷的早期徵象，但也可能是精神健全的人出現失智舉止的原因**。有鑑於此，在進一步診斷年長者的精神健康狀態前，安排嗅覺功能檢查有其必要性。

植入虛構的記憶，可能有助於控制食慾

與記憶聯結的氣味，以及表面上毫無關聯的聯想，也會挑動渴癮。某位朋友告訴我，當氣味聞起來有夏天的感覺時，「像是剛除草過後的氣味，和陽光的氣味」，總撩起他對西瓜的渴癮。這則故事說明，**記憶及聯想對渴癮的影響力**有多大。另一位朋友告訴我，有天早晨開車上班途中，兒時與叔父在舊金山吃唐金蟹的記憶乍現，引起的渴癮如此強烈，以致於他改變當天行程來達成大啖唐金蟹的目的。

全球頂尖的偽記憶及回復記憶心理學家伊莉莎白·羅芙托斯（Elizabeth Loftus），認為對飲食體驗的記憶能讓人營養攝取更均衡，並減輕體重。羅芙托斯最近與加州大學爾灣分校及華盛頓大學的研究人員合作，針對大學生進行一項實驗，說服他們堅信自己厭惡草莓冰淇淋。7參與研究的學生在實驗的第一階段，將飲食方面各種經歷、偏好及行為的問卷填寫完畢。飲食經歷的那份問卷

內，插入了一個關鍵項目，敘述的是「吃完草莓冰淇淋後生病」。受試者在八分的範圍內，針對每個項目所陳述的事件，評估自己十歲前曾發生該事件的可能性。飲食偏好的問卷內容，要求他們表示自己對草莓冰淇淋及其他六十三種食物的喜愛程度。而飲食行為的問卷內容，則要求他們估算自己在聚會場合，選擇吃草莓冰淇淋及其他三十六種食物的可能性。

一星期後學生們回到研究室，聆聽虛構的問卷答案分析。研究人員向他們表示，電腦為每位受試者進行個別分析，結果顯示童年時的他們討厭菠菜，喜愛披薩，當同學帶糖果到學校發送時感到快樂，還有……曾於吃完草莓冰淇淋後生病。學生們被要求回想關於那次吃冰淇淋的記憶，並回答一連串問題，像是「當時你幾歲？」、「事情在哪發生的？」，以及「誰跟你在一起？」。然後，學生們填寫和第一階段一模一樣的飲食經歷、偏好及行為問卷，結果顯示他們在草莓冰淇淋項目的回答改變了。

羅芙托斯及其同事發現，**原本七十一位否認兒時曾於吃完草莓冰淇淋後生病的學生中，有二十四位轉而相信有過這種經歷**，即便大多數人對事件本身沒有確實記憶。這三分之一的學生不僅誤信自己曾因草莓冰淇淋而生病，在第二次填寫飲食偏好及行為問卷時，他們甚至將草莓冰淇淋列為倒胃口的食品，並表示在聚會場合會避免吃草莓冰淇淋。羅芙托斯的研究小組以非常類似的步驟進行另一項實驗，將「童年第一次品嚐時就愛上蘆筍」植入大學生的記憶中。百分之四十的受試者事後相信這屬實，並表示自己變得更想吃蘆筍。

在現實世界裡，這類花招對飲食是否能發揮明顯作用，以協助人們減輕體重呢？雖然並非人人皆易受暗示，**在氣味及滋味的國度裡，人們的喜好特別容易被操縱**，而「食物嫌惡」反應格外具有說服力，即使虛構亦然，因為這對我們的生存及健康舉足輕重。由此可知，植入虛構的記憶，對傾向享用眼前任何食物的那些人，可能有助於控制食慾，及引導人攝取更健康的點心。問題是，若你原本就對草莓冰淇淋、無麵粉巧克力蛋糕或雞翅情有獨鍾，還願意相信這些食物讓你生病嗎？或者若你原本就經常吃這些食物的話，有可能相信嗎？相較於巧克力及油炸食物，草莓冰淇淋是比較少見的食品。我個人的想法是，如果虛構的兒時回憶與渴癮及經常吃的食物有關，則植入食物嫌惡暗示的難度會比較高，尤其更難維持。意志力及對口慾的自制力，仍舊是飲食男女們必須背負的十字架。

第8章

未來嗅覺科技新探

A whiff of the future

今天的鼻子不在乎有沒有明天。

——瑞秋・赫茲（Rachel Herz）

手機表示「您現在的口氣難聞……」

步入機場，黃蜂嗡嗡飛過你的行李，檢查是否藏有任何爆裂物。通過安檢區時，電子鼻掃描你的體味，將你的主要組織相容性複合體檔案與已知的恐怖份子資料庫做比對。在登機門前候機的同時，你打電話回公司，而手機表示你的口氣難聞。這個情報讓你感到有點困擾，你打開一個小玩意兒，按下最愛的氣味，讓自己獲得一絲情緒解脫。聽起來像科幻小說嗎？上述所有嗅覺科技目前不是已經存在，就是即將完成雛形階段。縱然看來好像難以置信，如今已出現許多更驚人的發明，正應用在各式各樣的領域，以利用嗅覺讓我們的生活更加便利。

精準分析沙朗牛排冷藏室微生物的電子鼻

戈登查看冷藏裝置旁感應器所顯示的電腦讀值，然後向克里夫點頭表示：「這批肉沒問題，明天可以裝運出貨。」

什麼樣的神祕儀器能告訴戈登，五吋鋼壁下的肉品可安心食用？答案就是電子鼻。電子鼻（electronic noses, e-noses）已問世十年左右，自發明至今性能不斷提升。電子鼻或人工鼻的靈感，來自人類鼻子本身。當我們辨識散發大黃派（rhubarb pie）[a]氣味的化學物質時，鼻子內分布的各種嗅覺受器呈現特殊的活化型態，經由腦部解讀為大黃派。同樣地，電子鼻通常由一系列感應器構成，每種感應器對各式各樣的化學氣味分子，都預先設定好特殊但部分重疊的敏感度。這一系列感應器對其所偵測到的每種化學成分，都具有獨特的表現型態。這類表現型態經數位化後，與已知的樣板比對，可以判斷或顯示有無任何不尋常之處。人工鼻的敏銳度是人類鼻子的十到百倍以上，對於許多但並非全部化合物，偵測效果遠勝人類鼻子。

相對於傳統化學感應技術僅能辨識一種化學物質，電子鼻的優勢在於能偵測各個類別的化學物質。試想僅能拍攝藍色物體的照相機，以及能拍攝綠色到紫色間各種色彩物體的照相機，兩者的差異多麼大。況且，電子鼻比舊式感應器的價格更低廉，偵測更準確，需要花費的人力也較少。

電子鼻目前最大的市場是食品產業，應用範圍包羅萬象，在評估食物及飲料方面，從烹調過程一致性品管，到偵測包裝食品的「臭酸」氣味，評比威士忌、紅酒及其他酒類，乃至於區分橄欖油的等級。然而，電子鼻最重要的應用，是感應肉類、奶製品及美乃滋等的腐壞，以免人們攝取這些腐敗食物而導致嚴重

a｜北美洲出產大黃根地區的一種家常派，以大黃根切丁爲內餡。

健康後果。這方面，電子鼻十分在行。在數項實驗中，擁有巧妙名稱的西拉鼻三二〇（Cyranose-320），於攝氏四度到十度間的冷藏環境分析新鮮沙朗牛排周圍的空氣，以預測實際的微生物菌落數，結果顯示有百分之九十到百分之百的準確度。1相對於傳統感應方式，電子鼻科技擁有許多優勢。電子鼻的成本比人力評估低，結果更準確，可降低原本對分析化學檢驗的需求，操作更簡易，也能馬上顯示結果，而且還便於攜帶。

西拉鼻三二〇及許多其他電子鼻偵測氣味的工具，是對應不同化學物質而改變導電率的一種聚合物薄膜。最近，維威克．薩伯拉曼尼安（Vivek Subramanian）的實驗室發明一項電子鼻創新科技，薩伯拉曼尼安任教於加州大學柏克萊分校，是電機工程及電腦科學的教授。他發明的電子鼻，使用各種有機半導體材料所構成的一系列電晶體。電晶體由碳基物質形成，而非矽或銅等無機物質b。電晶體由各種有機化合物組成，這些有機化合物對特定化學物質具有不同反應，因此一系列電晶體感應器能針對每種氣味產生特殊表現型態。電晶體勝過聚合物薄膜等其他感應方式，因為電晶體對化學物質非常細微的電荷及鍵結變化，都有極高的敏銳度。此外，薩伯拉曼尼安的電子鼻還有另一項優勢，就是成本低廉且容易製造。有機半導體可透過擠壓製程，將數百美元的製造成本大幅削減至幾美元而已。薩伯拉曼尼安預測，在不久的將來，他的儀器

b｜化學用語中的「有機」代表碳基分子，如此命名的原因是，有機分子存在於所有生物體內，而無機分子則存在於無生物中。

經幾番改造會變得更便宜，而能直接置入湯汁罐頭及鮪魚罐頭，以精確顯示食品是否超過安全使用期限。

除了食品及飲料產業外，**電子鼻現在也應用在香水企業以鑑定偽造品**，應用在海關檢查站以搜查違禁物品，應用在化學工廠以偵測及監控毒物或毒素，應用在國安系統以搜尋化學武器，以及應用在醫療服務以針對結核病、乳癌等諸多病症測知疾病狀態。

呼吸一口氣，看看身體健康嗎？

有些疾病在呼氣中產生的揮發性有機化合物（VOCs），可以顯示疾病狀態。聞起來像醋的脂肪酸，會出現在肝硬化患者的呼吸中。二甲基胺及三甲基胺所散發的魚腥味，可在腎衰竭患者的呼吸中發現。而肺癌患者呼出的烷烴及苯衍生物混合氣味，剛好是構成「新車氣味」的主要揮發性有機化合物。

位於美國紐澤西州紐華克（Newark）及李堡（Fort Lee）的孟三那研究公司（Menssana Re-search Inc.），旗下的呼吸研究實驗室研發1種**呼吸分析儀器**，可偵測非常早期的肺癌。麥克．菲利浦斯（Michael Phillips）醫師是這項研究計畫的主持人，他認為此儀器也能用來偵測乳癌及結核病。患者僅需對著儀器吹氣兩分鐘，以捕捉血流中顯示疾病狀態的揮發性有機化合物。儀器透過稱為**氣相層析**c的標準揮發性化學物質分析技術，測量揮發性有機化合物的濃度，並與同一時間同一空間內採樣的空氣做比較。此系統針對揮發性有機化合物所偵測的濃度，能低至兆分之一左右。早期針對乳癌患者呼氣中的揮發性有機化合物檢驗顯示，這件儀器可能比乳房X光攝影具有更高的敏感度及準確性，何況還是比較舒適的篩檢方式。

呼吸中的揮發性有機化合物也能透露一些表象，比如今天還沒刷牙或喝醉酒等等。能告訴使用者該用李施德霖漱口的手機，一開始其實是德國西門子行動電話公司於二〇〇四年愚人節發布的新聞稿，但被英國廣播公司（BBC）、英國路透社及雅虎（Yahoo.com）等諸多媒體選作新聞消息來源後，便在國際間流傳起來。這則荒誕不經的故事背後的實情是，西門子公司在慕尼黑的科技部門正研發一種小型感應器，亦即迷你電子鼻，可偵測各式各樣的氣味，做為及早警示火災或其他化學災害的儀器。此感應器具備小巧的規格（一平方毫米），僅微量目標氣體就能測得的敏銳度，以及非常低的電力需求，因此能夠應用於手提裝置中，例如手機。另外還可能應用在汽車的儀表板或方向盤上，當「聞到」酒精時避免引擎啟動。這些應用尚未上市，且消費者是否會接受侮辱自己的手機，或暢飲狂歡後拒絕被駕駛的汽車，目前不得而知。然而，母親反對酒醉駕

c｜氣相層析質譜分析儀（Gas chromatography mass spectrometry, GCMS）結合兩種技術，以分析化學物質混合物。氣相層析能分離混合物的成分，質譜分析則個別測量每種成分，藉由結合這兩種技術，分析化學師既可定性又可定量評估含有多種化學物質的溶液。

車協會（Mothers Against Drunk Driving; MADD）於二〇〇六年十一月二十日與交通部共同發布一項全國運動，在曾犯酒醉駕車者的車輛上強制安裝酒精感應器。目前的裝置稱為「啟動連鎖裝置」（Ignition Interlock）或簡稱「連鎖裝置」，需要駕駛人對測量血液酒精濃度的儀器呼氣。除非駕駛人的血液酒精濃度小於預設的最低限度，否則車輛無法發動。基本上，連鎖裝置就是車輛內與引擎開關連接的呼吸分析儀。和純粹營利導向的其他氣體感應器不同的是，連鎖裝置很有可能成為全國曾犯酒醉駕車者必須強制安裝的儀器。母親反對酒醉駕車協會於二〇〇六年發布此項全國運動的同時，已有四十六州支持這個想法或預備通過類似法令。

嗅出戰爭的氣味

目前在對生物恐怖主義的恐懼驅使下，許多公司也致力於研發電子鼻，以偵測各種形式化學武器的氣味，並於發現污染物時啟動空氣濾清及消毒系統。電子鼻也能使用在「反恐戰爭」中，藉由辨識獨一無二的主要組織相容性複合體／體味檔案，嗅出可疑或已知的恐怖份子。事實上，美軍目前所資助的一項計畫，就有可能發展出這樣的儀器。無疑地，在不久的將來，機場檢查站可能會掃描你的體味，將你的主要組織相容性複合體／體味檔案與已知的恐怖份子資料庫做比對。

以電子鼻嗅出恐怖份子這檔事屬於未來世界，但目前已開始使用人工鼻尋找爆裂物及地雷。每年有超過兩萬名不知情的男人、女人及兒童，因為誤觸隱埋地雷而喪命。它們埋伏於無法預知的地方，限制了戰後區域的農業及經濟發展。塔夫斯大學（Tufts University）、麻省理工學院（MIT）及美國國防部先進研究計畫署（Defense Advanced Research Projects Agency）的實驗室與數間公司合作，最近首度提出一種探測地雷的人工鼻。由於利用嗅覺探測爆裂物的諸多方式中，狗是敏銳度最高的一種，為了向狗致敬，便將這些地雷嗅探器的其中一個版本名為「費多」（Fido）。電子費多仍處於試驗階段，在國防部為軍隊備好實際上場的版本之前，可能還需經過一段時間，但截至目前為止電子費多的試驗結果令人振奮。

探測地雷的警犬與蜜蜂

無論電子鼻探測地雷的性能有多好，仍然無法與狗的嗅覺敏銳度相提並論。即使化合物在空氣中的濃度低至每公升一萬兆分之一到一百萬兆分之一莫耳

（10^{-16}～10^{-18}M/L），狗依舊嗅得到。這樣的敏銳度相當於，在費城這麼大的城市裡偵測出一條巧克力。然而，利用狗探測地雷仍有些問題存在，不只因為牠們對人類的情緒極為敏感，還有領犬員與牠們之間發生的情感交流。而且，狗的體重足以引爆地雷，牠們和人一樣會因厭煩、飢餓及注意力分散而導致準確率降低或工作效率變差的狀況。

看起來似乎荒謬，不過最近構想出的替代動物，就是擁有驚人準確率而問題較少的蜜蜂。蜜蜂能在兆分之一左右的濃度下偵測化學物質，這樣的敏銳度足以察覺任何令人憂慮的化學物質。此外，蜜蜂不會引爆地雷，毋須所謂的領路者，飼養成本低廉，而且幾乎可以馬上訓練完成。

如同狗兒，蜜蜂也是透過單純帕夫洛夫制約訓練，而習得探測爆裂物質的本領。舉例而言，大多數地雷都會散發二硝基甲苯（DNT）的氣味，此為三硝基甲苯（TNT）的衍生物。將目標氣味分子二硝基甲苯吹送至蜜蜂四周的同時，給予糖水等食物獎勵，藉此把地雷氣味與食物聯結在一起。蜜蜂能非常迅速地學會這項聯結，幾分鐘內你就能獲得一批探測爆裂物的蜜蜂軍團，每當聞到爆裂物，牠們簡直就像「蜜蜂聞到蜂蜜般」蜂擁而至，盤旋在目標上空。

蒙大拿州立大學的研究教授傑瑞．布羅門申克（Jerry Bromenshenk），目前正利用蜜蜂進行地雷探測。一旦訓練完成，將蜜蜂釋放到疑似地雷區，便可觀察到牠們的覓「食」行為。然而利用蜜蜂的局限之一是，牠們的飛行型態比德國牧羊犬八十五磅重的雀躍足跡更難追蹤。還好目前有光達（Lidar）這項新科技，以雷達及無線電波的方式來運用雷射光，能解決追蹤蜜蜂的難題。光達掃射蜜蜂的搜查區域，形成顯示蜜蜂密集度的地圖。一大群蜜蜂盤旋在特定位置上方，代表那可能是地雷的所在地。以實地試驗檢測蜜蜂與光達二合一技術的效能，顯示具有百分之九十七到百分之九十九的準確率，以及不到一小時便可尋獲二硝基甲苯來源的能力。[2]

蜜蜂與光達的聯姻，是否能解救全世界不再受隱埋地雷的破壞？這項結合當然有幫助，但先天障礙依舊存在。最棘手的障礙就是，若蜂群所處的水平位置與植被的高度相等，光達便無法區別兩者間的差異。這表示在茂盛的草地搜尋可疑地雷之前必須先除草，顯然是荒謬至極。花朵及其他花粉來源也會分散蜜蜂的注意力，因此唯有確實無食物存在的場地才能進行探測。此外，蜜蜂是晴天限定的飛行者，也就是說牠們只能在白天乾燥的溫暖地帶出動任務。儘管有這些問題，利用蜜蜂至少在某些場地仍具優勢及便利性，因此肯定是值得用來探測地雷的方式。額外的好處是，蜜蜂傳送花粉的天性，使牠們能復甦戰後區域的農業。英國的生物科技公司 Inscentinel Ltd. 目前正銷售經過訓練的蜜蜂，以及可監控其中飼養的蜜蜂對各種化學物質如何反應的迷你蜂巢。該公司表示，他們的蜜蜂系統除了能尋找地雷外，還可用來篩檢爆裂物及藥物等化學物質，以及進行食物品質管理。

機場安全的偵測員「黃蜂獵犬」

另一種很難與安全議題扯上關係的飛行性昆蟲是黃蜂，然而機場安檢處現在也徵募黃蜂做為防禦的第二陣線，來尋找隱匿在行李及儲藏箱內的化學武器及炸彈。玉米等植物遭毛蟲侵略時會釋放求救氣味信號，吸引某種黃蜂前來搭救，這項意外發現促成讓黃蜂探測爆裂物的構想。受到求救信號吸引的雌黃蜂，會將卵注射在掠食中的毛蟲體內，卵孵化成的黃蜂幼蟲最後殺死毛蟲，玉米田便因而獲救。這些黃蜂經過非常短暫的訓練就能辨識特定氣味，而且牠們並不會螫咬人類。訓練者以帕夫洛夫制約配合糖水，教導飢餓的黃蜂回應特定的目標氣味。只要不到五分鐘的訓練時間，一窩探測爆裂物的黃蜂軍團就可以出發了。無懈可擊嗎？倒不盡然。掌握黃蜂是一大挑戰，而即便一再向人們保證這些黃蜂不會螫人，讓牠們在機場內四處飛行，本身就會提高恐怖程度。

美國農業部的喬·路易士（Joe Lewis）及喬治亞大學的農業工程師格藍·雷恩斯（Glen Rains），已策劃出巧妙的解決方案。在聚氯乙烯管製成的十吋長塑膠圓柱內置入「黃蜂獵犬」，其中一端開個小孔，另一端裝小風扇。在透明通風的圓柱內，設有與筆記型電腦連線的網路攝影機，用來監控黃蜂的行為。當黃蜂偵測到曾與「食物」信息聯結的氣味時，牠們會聚集成群，而在電腦螢幕上呈現一處深色區塊。當沒有「食物」存在時，黃蜂則在圓柱內胡亂繞圈。這些黃蜂安檢員最長可連續工作整整四十八小時，為國家服役期滿後，牠們便被放生野外，度過剩餘二至三週的壽命。黃蜂獵犬屬於一項更大型的政府計畫，目的是探究能否吸收昆蟲及甚至爬蟲類或貝殼類動物為國防事務效力。這項計畫已達成的結論是，可調整更完善的應用方式，讓蜜蜂出任地雷探測者的角色。格藍·雷恩斯相信，最早於二〇〇八年的某一天，你就能在當地機場看見黃蜂獵犬。

雪納瑞狗醫師嗅出癌症的氣味

海韋爾·威廉斯（Hywel Williams）醫師及其同事朋布魯克（A. C. Pembroke）於一九八九年的醫學期刊《刺胳針》發表一則故事，有關某隻柯利邊境牧羊犬與杜賓犬的混種犬，這隻混種犬不斷用鼻子頂女主人腿上的一顆痣，有一次甚至企圖咬掉它。雖然女主人對那顆痣不以為意，但由於狗兒的持續關切，終於促使她求醫，結果發現是惡性黑色素瘤。十二年後，威廉斯醫師及另一位醫師約翰．屈奇（John Church）再度於《刺胳針》發表一隻拉布拉多拾獵犬的故事，這隻名叫派克的寵物，突然開始固執地用鼻子摩擦覆蓋主人左大腿的褲管，那塊皮膚過去被診斷為濕疹。派克從不停歇的關切終於促使主人回到門診追蹤，結果恰好在派克注意的那塊皮膚上，發現基底細胞癌。手術移除皮膚癌侵犯的皮膚後，派克便對主人的腿失去興趣。3

皮膚癌病灶是表淺的，所以或許狗兒對特殊部位的氣味感到好奇，並不是多麼了不得的事。但其實，狗的鼻子可沒有那麼膚淺。在威斯康辛大學位於沃沙（Wausau）的癌症中心，詹姆斯．威爾許（James Welsh）、戴洛．巴頓（Darryl Barton）及哈瑞．阿胡亞（Harish Ahuja）等醫師，於二〇〇五年發表一篇有關不幸的珍．多伊d的個案報告。4四十四歲的珍健康狀況良好，最近養了一隻長毛臘腸幼犬。經過幾星期的環境適應後，小狗開始對珍的左腋窩過度感興趣，坐在珍身旁不斷用鼻子聞及頂觸那個部位。在一個月不停歇的頂觸之後，珍將小狗抱到一邊，自己觸摸小狗頂觸的位置，發現一團腫塊。病理切片證實那是癌症，珍經歷了乳房切除術，之後接踵而至的依序是化學療法、放射療法及抗雌激素荷爾蒙治療。然而，不幸的是，癌症早已轉移，她也在一年後撒手人寰。

人類最好的朋友具有驚人嗅覺，並似乎擁有嗅出癌症的能力，這項事實在

d｜請注意，我使用珍．多伊（Jane Doe）這個名字，代表這篇報告並未顯示患者的真實姓名。

網際網路聊天室上被封為「狗診斷」（dognoseis），且迅速引起科學界的關注。美國佛羅里達州塔拉哈西（Tallahassee）的杜恩・皮可（Duane Pickel）及其同事，已進行其中一項對照試驗，求證狗兒是否確實是新一代的超級醫師。[5]在試驗中他們首先針對一隻標準型雪納瑞及一隻黃金獵犬，訓練牠們偵測皮膚黑色素瘤的氣味，然後測試兩隻狗對七位疑似黑色素瘤患者的診斷。雪納瑞檢查完七位患者後，「診斷」其中五位患者有黑色素瘤，而這五位患者的病情也獲得病理切片檢查證實。第六位患者過去的病理切片檢查都沒有發現癌細胞，但雪納瑞也「診斷」患者有黑色素瘤，這促使醫師安排進一步檢查，結果證實雪納瑞的診斷無誤。黃金獵犬共檢查四位患者，得到的診斷都與雪納瑞一模一樣。**雪納瑞只是純屬意外就正確診斷六位患者的可能性，僅佔千萬分之一**。

在另一項研究中，英國阿麥斯罕醫院（Amersham Hospital）的卡洛琳・威利斯（Carolyn Willis）醫師及其同事進行一項試驗，探討是否能訓練狗兒從尿液的氣味嗅出膀胱癌。[6]訓練共歷時七個月，研究人員教導品種及年齡各不相同的六隻狗，分辨膀胱癌患者與非膀胱癌患者的尿液。為評估「狗兒驗證」的正確率，犬科陪審團的每位成員在九個不同地點各檢驗七份尿液檢體，其中只有一份來自膀胱癌患者。整體而言，狗兒們在五十四個地點，正確檢驗出二十二份膀胱癌患者的尿液。成功率高達百分之四十一，顯著大於純屬意外正確診斷的可能性，亦即百分之十四。同時，所有的狗對其中一份「非膀胱癌患者」的尿液檢體，都表現陽性反應。這位患者在參與研究之前曾接受檢查，當時並未發現腫瘤。然而，患者的醫師十分在意狗的反應，於是安排進一步檢查，結果發現患者右邊的腎臟長了一顆腫瘤。目前仍不清楚，狗到底偵測到什麼化學物質，讓牠們確立膀胱癌的診斷。更了不起的是，狗必須從尿液的上百種氣味中，辨認出這股標記氣味。

雖然如此卓越的能力使狗率先成為癌症的預報者，但近期內仍不可能讓毛茸茸的四腳醫師披上白袍檢查患者。比較有可能的是，一旦藉由分析狗的嗅覺行為確定各種癌症的標記氣味，一般篩檢及針對疑似罹患癌症者初步篩選的任務，就能讓電子鼻接管。電子鼻不像犬科醫師那麼討人喜歡，但讓狗兒穿梭在醫院的輪床與患者之間，是非常不切實際的做法。

鯨魚糞便偵查犬是保育專家

除了拯救人類外，現在正利用犬科動物鼻子所具有的卓越能力，來保育瀕臨絕種的動植物，尤其是鯨魚。在北大西洋及西北太平洋海域，狗正協助保育人士及生態學者分別挽救露脊鯨及虎鯨。**狗藉由尋找水生動物朋友的糞便來幫**

助牠們，糞便經過研究後可以釐清鯨魚總數逐漸減少的原因。過去十五年來，西北太平洋海域的鯨魚總數下降了百分之二十，但沒有人知道原因何在。東岸的北大西洋海域目前僅剩三百五十頭露脊鯨，每年平均只產下十二頭小鯨仔。相形之下，南大西洋海域的露脊鯨每年平均共產下三十頭小鯨仔。

環保學家將東岸及西岸的鯨魚總數減少，歸咎為鯨魚主要食物來源取得不便的緣故，但同時存在的許多其他傷害，也可能干擾牠們的生命週期。噪音汙染是鮮少考慮到的一大威脅，賞鯨船為了滿足甲板上觀光客玩賞的樂趣，無止盡地追逐鯨魚，製造足以破壞鯨魚聲納的噪音。海水本身含有的汙染物和病原體，以及人類和船隻侵犯棲息地所導致的壓力，也可能威脅鯨魚的生存。藉由研究鯨魚的糞便，可搜集許多重要的健康資訊，包括飲食的品質及成分、營養狀態、承受的壓力程度、荷爾蒙濃度、免疫功能及代謝速率。鯨魚糞便所含有的荷爾蒙可透露不少信息，從是否懷孕，乃至於是否受紅潮等生體毒素危害，都是有可能的。這些因素經過統計分析後，能夠引導具體的介入方式，以便恢復更健全的鯨魚生態平衡。

在求助於狗的鼻子之前，生物學家及保育人士只有祈禱好運的份，期待偶遇或靠他們自己的眼睛及鼻子找到鯨魚糞便。狗有辦法找出可能肉眼幾乎無法辨識的鯨魚糞便，更不用說分解在龐大海域中的鯨魚糞便，並引領生物學家前往鯨魚糞便的確切位置。目前北大西洋海域利用的狗兒法哥，是一隻純種羅威納犬，**即便只有幾小塊碎片漂浮在海面上，牠也能在至少一點五哩的距離外聞到鯨魚糞便**。生物學家訓練法哥穿著特殊安全帶及救生衣的裝備，並利用玩具獎勵（其中牠最愛的玩具是黃色網球），教導牠搜尋漂浮在水面上裝著鯨魚糞便的玻璃瓶。波士頓新英格蘭水族館（New England Aquarium）的資深鯨魚研究員羅茲．羅蘭（Roz Rolland）與法哥一起活動，根據羅蘭表示，一開始最大的挑戰之一，是得控制法哥不要太過熱衷，以及避免牠一嗅到鯨魚糞便的氣味就跳下船去。如今，法哥已成為鯨魚排泄物的四腳羅盤了！在最近一次報社採訪中，羅蘭向記者表示：「氣味越強烈，法哥尾巴搖得越快，然後我們便循著牠鼻子所指引的方向駛去。」**7**之前與法哥合作的另一隻狗鮑伯，現在是北大西洋鯨魚計畫專屬的成員。西雅圖華盛頓大學生物保育中心（Center for Conservation Biology）目前利用十一隻鯨魚糞便偵查犬，追蹤西北太平洋海域的鯨魚總數。**8**

公車候車亭飄出餅乾味並不加分

喬恩坐下來重新規劃他的房子，希望新的氛圍能爲從夏威夷返家的妻子帶來驚喜。他們用一千萬美元打造的，是國內率先完成的其中一個「智慧住家」，可以從中央控制板操縱各個房間內所感受到的光線、溫度及音樂。不久之前，喬恩才替自己居住的空間擴展新的向度，置入了一種香氛儀器，可透過通風及空氣調節系統，於每個房間內整天釋放獨特的芳香配方。喬恩打開控制板的開關，以準備他想要產生的特殊「氣味感受」。首先他設定在妻子返家時，讓大廳充滿他最愛的氣味「歡欣」(Euphoric)。接著，設定餐廳同步瀰漫「黑色喀什米爾」(Black Cashmere)，迎接他倆的雞尾酒時光。最後，喬恩微笑著，設定他倆在臥室共度良宵時飄送的「挑逗」(Inspi-ration)。

電腦與氣味結夥作伴，不只成為偵測癌症、化學武器或腐壞食物的電子鼻，也成為能產生各式氣味的小玩意，改變我們生活、工作及購物的環境，也為電影及虛擬實境增添更多現實感。**商業界最近理解到，在行銷策略中加入氣味的潛力**。《收買感官，信仰品牌》(*Brand Sense*)[9]等暢銷商業書籍，現在明確指示企業家，利用香氣所能喚起的情感向度及記憶聯結，在消費者身上產生有利的效果。可惜的是，第一個直接執行嗅覺行銷計畫的主流消費品，在美國才開始運作便馬上夭折！

在北美洲成功推出「有牛奶嗎?」(got milk)廣告宣傳的加州乳品加工業

者協會，二〇〇六年十二月四日決定於舊金山的五座公車候車亭測試香氣帶（scent strips）的效果。這香氣帶聞起來像「剛出爐的餅乾」，協會希望此香氣能促使乘客感覺自己應該買些牛奶。然而，二〇〇六年十二月五日，舊金山交通運輸局（MTA）下達移除氣味廣告宣傳的命令，顯然因為他們接獲公車乘客的抱怨，乘客們擔心香氣可能對健康有害；再者，銷售者也沒有請示交通運輸局，可否在公車候車亭內測試這類宣傳手法。這命令是否代表交通運輸局因未被知會而感到憤怒，代表稍早曾提及加州人對公共空間氣味危害健康的妄想，抑或是人類對意料外的未知氣味戒慎恐懼的偏見使然。無疑地，引起恐懼的不只是所謂有害的大蒜氣味及硫磺氣味。這個例子也說明，**環境背景對解讀氣味的影響有多大**。像公車候車亭這樣陰暗單調的場所散發出餅乾氣味，非但不搭調，更可能讓人起疑；反之，購物中心的餅乾舖，或高雅的度假勝地，散發出餅乾或香水的氣味則不足為奇。

高級飯店與購物中心的香氛效果不同

自一九九〇年代起，**高消費水準的度假村及零售企業已肯定，利用氣味確實能提高商品價值**，而贏得消費者青睞。的確，喬恩雇用來替住家安裝及設計香氣設備的公司，正是讓許多迎合高層次消費者的場所散發香氣的公司，包括高級賭場如拉斯維加斯的貝拉吉歐（Bellagio），別緻飯店如遊艇港口瑪麗娜德爾雷（Marina Del Rey）的麗池卡登（Ritz Carlton），還有頂級水療中心如紐約市擁有標記香水配方的極樂（Bliss）水療中心。位於美國明尼蘇達州厄爾默湖市（Lake Elmo）的香系公司（AromaSys），由馬克．帕耳提（Mark Peltier）及其妻子愛琳．肯尼（Eileen Kenney）所創立，帕耳提是一位自學的電子高手及構思奇才，肯尼則是公司幕後的芳香設計師。香系公司獨創特殊香氣及薰香技術，能在特定室內空間傳送有個人特色的香氣，以美化室內的氣氛。香味傳送系統透過氣化技術及建築物內的暖化、通風暨空調系統（HVAC）e作用，如此僅需非常微量的香精原料，就能在特定室內空間，至少十萬平方英尺大的賭場內，讓香氣濃度達到相當高的一致性，以及相當廣的分布率。

高檔飯店、賭場、水療中心及渡假村求助於氣味來美化環境，主要原因是要創造正面且持久的「第一印象」，及創造身在高品質場所且樂在其中的感受。這裡預設的前提是，良好的第一印象能讓消費者更想再度光臨，並向友人大力推薦，那麼假以時日應會帶來豐厚利潤。零售公司目前也開始借重香氣的力量，紐約市的男性服飾店湯瑪斯品克（Thomas Pink），使用香系公司出品的「剛燙過的亞麻布襯裡」（Line Dried Linen）香氣；維多利亞的祕密（Victoria

e｜HVAC（Heating, Ventilation, Air-conditioning and Cooling，讀音爲「H-V-A-C」或「H-VAK」）爲首字母縮略字，代表「暖化、通風及空調」，是建築物的氣候控制系統。

Secret）使用的是「天使」（Angel Heavenly）香氣；而香系公司最近也為比佛利山莊及紐約市的戴比爾斯（DeBeers）鑽石珠寶店，設計了一種特殊香氣f。

讓度假飯店或零售商店飄送氣味，是否確實能取得任何財務上的勝利？帕耳提表示，飯店等度假場所的客戶雖然獲得賓客的許多讚美，但添加香氣後，銷售額並未呈現任何直接的變化。然而，零售商店客戶則表示，自從添加香氣後，在沒有其他變化的狀況下，已觀察到主顧數目及獲利同時增加。利用芳香系統的假設是，商店的標誌氣味會強化一種珍貴及有名望的氣氛，這樣的主題與商品融合在一塊，產生更具說服力及增加買氣的整體環境。如果購物中心的其他商店都沒有散發香氣，唯一有香氣的那間商店便擁有誘發好奇心的額外優勢，除此之外，宜人的香氣本身應該也能吸引更多潛在顧客。

香氣與商店主題概念一致才誘人購買

如此詮釋香氣對顧客的正面影響，是合乎邏輯的。但有數據支持這樣的想法嗎？在消費的空間添加香氣之後，有確實增加人們花費的總金額嗎？安．瑪麗．費奧瑞（Ann Marie Fiore）及其同事，在愛荷華州立大學成立一間模擬的女性睡衣零售商店，測試一百零九位女大學生對緞質睡袍和睡衣褲的購買態度、

f｜香系公司極少提供香氣服務給私人住所，也不常承接零售商店的業務。

購買意願、產品品質觀感及願意購買價格。10

分析測試結果後發現，在商品展示點添加芬芳香氣，能讓女學生對睡衣的看法更正面，有更堅定的購買意願，在「我打算購買這件睡衣」這道總分十一分的量表給予更高的評比，以及願意購買更高的價格。然而，為了讓氣味達到這些效果，單單芳香撲鼻是不夠的，香氣的主題還必須配合銷售的品項才行。被評比為芳香並與睡衣展示主題一致的「鈴蘭」氣味，在購買意願及商品品質觀感上，造成更正面的評價；反之，被評比為芳香但與睡衣主題不一致的「海霧」氣味，則沒有這些效果。**爲打造完美的銷售環境，香氣必須與商店主題及產品具有一致的概念**，如在湯瑪斯品克等高檔服飾店使用的乾淨亞麻布氣味。湯瑪斯品克聲稱，自從在商店環境加入「剛燙過的亞麻布襯裡」之後，銷售額便增加了。

設計「兩性化」香氛的氣味行銷實驗

氣味除了須與商店及產品主題融合外，事實證明，**氣味所傳遞的陽性或陰性特質與商品是否一致，也對收銀機有莫大的影響**。華盛頓州立大學的艾立克·史邦根貝格（Eric Spangenberg）及數名商學院同事，率先針對此議題在當地服飾店進行實驗，測試氣味的性別特質是否會影響實際購買行為。11那間服飾店在同一層樓的同樣區域，一併銷售男裝與女裝。研究人員以兩星期為週期，**按照不同日期在商店空氣中打入不同氣味，某些日子是預設蘊含「女性」特質的香草氣味，其餘日子則是預設蘊含「男性」特質的摩洛哥玫瑰氣味**。研究人員發現，相較於摩洛哥玫瑰氣味，當商店散發香草氣味時，女性顧客對店面及其服裝都給予較正面的評價。更重要的是，她們確實也買更多衣服，消費更高的金額，且有更大的意願再度光顧。同樣結果也出現在男性顧客身上，但對應的香氣恰恰相反。相較於香草氣味，在商店散發摩洛哥玫瑰氣味的那幾天，男性顧客對店面及其商品都給予較正面的評價，他們也花費更多錢，購買更多衣服，以及表示有更大的意願再度光顧。

這是在真實銷售環境中，證實環境氣味能左右消費者掏出荷包與否的第一項研究。這項研究的結果令人振奮，為蓬勃發展的**氣味行銷**注入一劑強心針。不過，採購員及零售業者可要當心。同樣店面若銷售不只一種行銷概念的商品，例如男裝及女裝，或廚房用具及戶外休閒家具，便無法同時讓所有顧客感到滿意，除非各種行銷概念的商品都以足夠大的空間區隔開來，並分別配置一個有效率的暖化、通風暨空調系統。可以想見，同樣空間內混雜各種香氣，等於冒著形成古怪氣味環境的風險，這既無商業價值，又不好聞。

電影的氣味：「嗅覺電影」實驗簡史

設計香氣及氣味釋放機來操縱和美化環境，這早就不是新鮮事了！鄰居小貨車後照鏡掛著的松樹裝飾品，就是一種操縱氣味環境的方式，另外還包括你在家裡噴灑或插入插座的空氣清香劑，看待售屋時房地產仲介點燃的蘋果肉桂芳香蠟燭，以及最近興起的氣味釋放光碟機，如寶僑家品公司（Procter & Gamble）所生產的香氣故事機（ScentStories），能播放一連串不同香氣來改變室內氣氛。這所有技術，包括香系公司所生產的系統，都是藉由釋放氣味到環境中的原理運作。在尚未達到嗅覺疲勞，或氣味尚未改變之前，你都能察覺該種氣味。然而，與其讓一種氣味像背景一樣不斷「上映」，何不考慮安排一系列氣味在特定時間「上映」及「下檔」，同時搭配特定的視覺佈景呢？換句話說，虛擬實境或電影製作能有效應用氣味嗎？

過去幾十年來，電影工業試圖將我們的鼻子納入電影市場，截至目前為止卻沒有多少斬獲。「嗅覺暨視覺傳播」由麥克．陶德二世（Mike Todd Jr.）所發明，他是好萊塢電影大亨麥克．陶德的兒子，也是伊麗莎白．泰勒（Elizabeth Taylor）的繼子。陶德二世在他一九六〇年的電影《香氣迷情》（*Scent of Mystery*）中，使用嗅覺暨視覺傳播，在電影院座椅上安裝特殊系統，直接對著觀眾的鼻子輸送氣味。**在電影中以此方式應用嗅覺暨視覺傳播，《香氣迷情》這部片可說是空前絕後**。一九八〇年代業界開始嘗試「摩擦生香」（scratch and sniff）技術，最知名的是約翰．瓦特斯（John Waters）於一九八一年推出的娛樂片《奇味吵翻天》（*Polyester*），由當紅的異性變裝表演者神女（Divine）擔綱主演。**《奇味吵翻天》片中運用的「氣味戲劇」（odorama）技術，是觀眾進入電影院時發送給他們的刮刮樂編號卡**，指示觀眾在螢幕角落出現編號時，才能刮開對應編號的圓圈。卡片同時附註的警語是，「接獲影片指示之前，請勿刮開圓圈。」《奇味吵翻天》下檔時，氣味戲劇也跟著離開電影界。

　　這項技術最近一次重出江湖，是在日本。二〇〇六年春天，購買「高級芳香座位」的幸運影痴，可以在東京或大阪一家電影院的最後三排座位，體驗《新世界》（*The New World*）的氣味加強版。《新世界》是泰倫斯．馬力克（Terrence Malick）執導，柯林．法洛（Colin Farrell）主演的冒險片。日本的電信公司NTT通信（NTT Communications）與日本的影片發行商松竹株式會社（Shochiku）合作，研發出某種安裝於「高級芳香座位區」的系統，**根據電腦控制的時間表，在電影進入特定情緒場景時調合及釋放七種不同氣味**。其中，愛情的場景搭配花香；令人心碎的時刻，以薄荷及迷迭香調合的氣味襯托；進行到歡樂的情節時，觀眾會聞到柳橙及葡萄柚調合的氣味；而法洛飾演的角色表現憤怒的場景，伴隨的是像藥草的混合氣味。

讓我印象深刻的是，《新世界》這部芳香電影幕後的氣味技術人員知道，**將各種氣味搭配不同情緒場景，會比企圖用氣味配合視覺影像更有效**。較早期的概念，都是嘗試將氣味與特定視覺影像做連結：《香氣迷情》中抽菸和烘焙麵包的氣味，及《奇味吵翻天》中垃圾和臭襪子的氣味。然而，在《新世界》中，當畫面出現會發出明顯氣味的物體時，座椅系統卻沒有釋放氣味，使這部電影產生了它特有的問題。舉例而言，在其中一個場景，當亞爾岡京人（Algonquin）的公主波卡洪塔斯（Pocahontas）聞書頁的味道時，座椅系統卻沒有釋放對應的氣味，對於盼望聞到氣味的觀眾來說，這是感受最強烈的缺憾。

焚燒屍體、血液及穢物，模擬戰爭情境

氣味尚未滲入虛擬實境及電動遊戲的主流，但已滲入軍方。軍隊所運用的科技，通常領先大眾所享用的生活技術好幾年[g]。創意技術學院（Institute for Creative Technologies, ICT），由美軍、南加州大學、好萊塢及主題遊樂園設計商合資經營的企業，**目前正結合虛擬實境與氣味，以訓練軍人面對第一次眞實的現代都市戰歷險記**。光是二〇〇六年，美國國防部就撥出一億四千五百萬

g｜軍隊早在一九四一年就開始使用電腦。

美元的資金給創意技術學院，以發展虛擬實境戰爭訓練裝置。

焚燒屍體、炸彈爆發、血液及織物的氣味，都屬於戰爭的一部分，但對新兵來說，這些氣味非常容易分散注意力及令人困擾。然而，這些氣味正代表現代戰場寫實的一面。美軍相信，配合虛擬實境訓練裝置利用氣味，可以加強軍人的投入程度及訓練品質，將能誕生更優秀的新一代軍隊。

由於氣味會激發立即和強烈的情緒反應，能讓軍人對死亡及戰爭的真實氣味有心理準備，同時降低未來罹患氣味誘發性創傷後壓力症候群的可能性。同時，氣味所引起的情緒警覺性，也有助於學習。就這一點而言，虛擬實境氣味科技正應用來訓練新兵辨識特定的威脅。例如，在飛行模擬訓練裝置使用電線燃燒的氣味，可做為電線走火的警訊，而香煙的氣味可能透露敵軍埋伏的方位。

創意技術學院的虛擬實境氣味散發裝置，稱為「氣味頸圈」（Scent Collar）。觀看戰鬥區域的虛擬實境訓練影片時，新兵所戴上的氣味頸圈，會於影片內許多時刻釋放特定氣味。氣味頸圈的第一號原型於二〇〇二年完成，第二號原型於二〇〇五年完成，而含有十個氣味散發模組的第三號原型，仍在籌備當中。目前運作中的氣味頸圈內含四個氣味散發模組，每一模組安裝一個香精貯存槽，並有一條引芯浸泡其中。每個模組都設置一根小桿，可以移開或打開出口，將定量的氣味釋放到頸圈以上的空間。此外，每個模組都安裝一枚風扇，協助控制到達新兵鼻子的氣味總量，以及控制氣味輸送及清除的速度。

能存入九十六種化學物質的氣味辭典

除了為特定視覺場景設定氣味效果之外，如觀看悍馬吉普車著火時所釋放的橡膠燃燒氣味，**氣味科技所追求的夢想是超越既定的氣味組合，創造出整個氣味世界**，並應用於各種科技。東京工業大學仿效早期的發明，如一九九〇年代的數位香氣合成裝置（DigiScents），不久之前才創造出一種儀器，可以**數位錄下任何氣味，再加以複製**。此儀器目前的模型，具有**儲存九十六種化學物質的氣味辭典**，以及十五種感應器。所安裝的感應器，已準備好辨識各式各樣的氣味。當一種氣味經儀器辨識完成後，便開始進行數位演算，以便利用儀器所儲存的九十六種化學物質字彙，重新製造被辨識到的氣味。未來的期望，是將儀器改裝成便於攜帶的小巧規格，以應用在行動電話及數位錄放儀器上。未來嗅覺數位化的行動電話，將能錄下你在海灘度假的氣息，警告你已喝太多黛可莉酒，以及捕捉防曬乳和海風的氣味，然後當你與朋友通話時，還可透過他們的行動電話重現這些氣味，得意地分享你正度過的美好時光。

這些巧妙的氣味數位化儀器及虛擬實境設備，彷彿幾乎打開了無限商機。

但在成功應用這些創新科技之前，仍有些基本問題等待解決，包括我們尚未完全理解嗅覺實際的作用機轉，以及視覺與嗅覺之間諸多本質上的差異。

從一整套化學物質重新數位製造氣味的概念，是日本氣味數位錄放儀器的基本原理，也暗示世上有「基本氣味」的存在。光線在視覺中的基色，包括紅色、綠色及藍色。不同波長的紅光、綠光及藍光，可以混合在一起，形成所有肉眼可見的色彩。數十年來，嗅覺領域的研究人員不斷尋找一套所謂的基本氣味，至今卻仍毫無斬獲。此外，**不同於視覺的是，嗅覺沒有辦法用簡單的方式拆解及合成知覺**，結合不同的單純氣味會產生完全陌生的嗅覺。混合紅色與藍色，可以形成一種新色彩紫色，**但混合聞起來像草地的氣味與聞起來像咖啡的氣味，無法形成一種具有獨特嗅覺的新氣味「草啡」**，只會聞起來像有草味的咖啡而已。

氣味分子與氣味知覺之間的關聯性，是不可預測的。分子結構非常不同的化學物質，具有的氣味可能難以區分，而**分子結構幾乎一模一樣的化學物質，散發的氣味卻可能天差地遠**。只不過讓分子繞著本身結構中心軸反轉，就能產生截然不同的兩種氣味，例如「香芹酮」所形成的同分異構物右旋香芹酮與左旋香芹酮，前者聞起來像薄荷，後者聞起來卻像藏茴香。由於這些無規則的關聯性，在創造新氣味分子的商業世界裡，反覆嘗試及勇於犯錯是不二法則。香精製造廠商通常要合成上千種新分子，以獲取一種可以利用的氣味分子。這些問題反映出目前嗅覺領域仍在迷霧籠罩下，也暗示數位錄製及再合成儀器不可能成功，至少在科學對嗅覺有更清楚的理解之前。氣味數位錄放儀器的發明者中本高道（Takamichi Nakamoto）向我表示，他挑選了九十六種化學物質，而非七十六或一百零二種，僅因為這是儀器所能容納的最大數目。他也坦承，這套化學物質無法重現所有氣味，至於能重現多少氣味，以及重現哪些氣味，仍是目前努力研究的部分。

嗅覺是種緩慢的知覺，追不上視覺的腳步

結合氣味的虛擬實境會遭遇的第二種問題，源自嗅覺的本質，以及嗅覺與視覺的固有差異。為了將氣味應用於電影或虛擬實境，特定氣味與特定視覺影像必須同時出現。一旦場景改變，氣味也必須跟著消失，而且已釋放的各種氣味必須不能彼此干擾。然而，嗅覺暨視覺傳播所面臨最根本的生理挑戰之一，即**嗅覺是種非常緩慢的知覺。氣味出現後，通常至少要耗費十分之四秒的時間，才能形成嗅覺**。等到你驚嘆「啊哈，是玫瑰」時，散發玫瑰氣味的化學分子已存在空氣中幾乎半秒鐘了！相形之下，在看見影像後，腦袋只要花千分之四十五

秒鐘就能形成視覺，等於嗅覺形成時間的十分之一。氣味要與緊湊的視覺戲劇同步，基本上會受限於嗅覺的緩慢速度。

嗅覺除了需要較長的時間啟動，也需要較長的時間關閉。氣流、溫度、溼度、空間大小及眾多其他因素，決定氣味在鼻腔持續存在的時間長短。另一個相關因素，是氣味混合的問題。當電影場景從造船廠進入墓地時，魚和海水的氣味，與觀眾想像中潮濕的土壤和屍骸氣味混合在一塊。萬一接下來鏡頭切到匪徒在義大利餐館大吃大喝的場景，那會發生什麼狀況呢？想必不是多好聞的混雜氣味，更重要的是，根本也沒人說得出那是什麼氣味！在一部長片放映的過程中，即使僅零星釋放幾次氣味，氣流及氣味混合的問題仍可能發生。《新世界》在日本的芳香座位僅使用七種氣味，然而其中一位觀眾表示：「在觀賞這場電影的同時，放映廳內簡直就像有家芳香療法中心正在營業。即便坐在高級芳香座椅上，我費了好一番功夫，才有辦法區分各種氣味，而且往往不確定是座椅正噴出新的香水，還是不經意的氣氛轉換讓我猛然注意到之前殘餘的香氣。」

12

同樣也會造成問題的是，**散發氣味的分子具有黏附的化學特性**，會黏在油漆、衣料及塑膠上，這些都是電影放映廳內佈置裝潢的原料。此外，氣味釋放儀器所使用的大多數氣味都以油做為基底，而油本身就是黏性的。放映完一場

《新世界》後，電影院會暫時覆蓋上這部片的氣味，雖然可能得上映一星期左右，氣味才會被察覺到。接下來上映的嗅覺暨視覺傳播影片，將必須跟上一部片的氣味對抗。上映幾部氣味戲劇後，電影院甚至會醞釀出古怪的氣味。在每部片下檔時重新粉刷電影院，或為座位更換椅墊，這簡直是不可行的，然而萬一哪天嗅覺暨視覺傳播確實成為商品，這個汙染議題就是必須面對的難題之一。創意技術學院的氣味頸圈所具有的優勢，是小範圍表面面積，以及僅精準釋放定量的指定氣味。氣味頸圈也安裝一枚風扇，協助吹送氣味到達目的地，然後清除氣味。相較於電影院規模的技術問題，汙染、輸送速度及清除速度方面的困難度已降低，但仍未根除。

最後，還有稍早討論過，令人苦惱的嗅覺疲勞問題。對於環境中持續存在的氣味，我們會形成嗅覺疲勞，於是再也「聞」不到那種氣味。重複、間歇不斷地接觸同一種氣味，最後也會形成嗅覺疲勞。這對電影工業來說，可能不是什麼大問題，除非製片人考量那些需要重複看同部片幾十次的著魔影痴們。然而，對於希望擴展氣味向度的虛擬實境電玩遊戲來說，這卻是相當實際的問題。如果每次遊戲進行時都釋放相同氣味，時間久了以後，氣味部分就變得與遊戲本身無關。同樣地，**利用氣味頸圈訓練軍人時，也不該過度濫用此儀器。太多次模擬任務配合同樣一組氣味，會導致對真正「敵人」的警覺能力下降。**

鼻子的明日遠景

透過有關嗅覺及氣味本身的創新發明，能為人生廣大的未知領域帶來許多益處。各式各樣的嗅覺科技，從各種原理應用到各種用途，琳瑯滿目的理想及成就，令人讚嘆不已。然而我認為，為豐富眼前及未來的人生，**我們所需要的最精華的嗅覺知識，其實單純只是理解擁有嗅覺是多麼珍貴、美好及神奇的事情，還有嗅覺爲人生帶來多少歡樂、體驗、情感及意義**。對氣味多加留意，的確能加強嗅覺，若我們心不在焉，許多香氣便會從身旁溜走，再也沒有機會欣賞。[13]

對於數位科技的發展、氣味與其他感官體驗的融合或對黃蜂及狗鼻的利用，我無意澆冷水，但既然**我如此珍視人類的嗅覺及氣味體驗**，**最希望看到的，當然是有科技能幫助被剝奪嗅覺樂趣的人們**。雖然目前還處在幻想階段，指望未來「助嗅器」成為可行的創新發明，我認為並非異想天開的事。

之前曾稍作提示，在正常老化的過程中，嗅覺的敏銳度如同其他感官會衰退。主要原因似乎是嗅覺受器的再生能力缺損，以致於細胞死亡與細胞新生之間失去平衡。擁有越多具備正常功能的受器，對氣味的敏感度就越強。這也是為什麼吸菸者經常抱怨「聞不太到氣味」，他們說的是實話。燃燒菸草冒出的煙，具有能殺死嗅覺受器的毒素。然而，**人體的嗅覺受器通常每二十八天再生一次，故戒菸一個月後，從前的大菸槍也和其他人一樣能欣賞玫瑰的芬芳**。但是在老化的過程中，嗅覺受器的新生能力衰退之後，便一去不復回。如果說嗅覺敏銳的二十歲青年擁有上萬個具功能的嗅覺受器，相形之下，聞不出來自己站在星巴克還是肉鋪前的八十五歲老翁，嗅覺受器還具正常功能的數目就少得可憐。

我的願望是有局部的解決方案，比如塗在鼻腔內的凝膠，能大幅提升尚存任何功能的嗅覺受器的反應強度，如此一來即使少量刺激也能啟動嗅覺的神經傳導路徑。換句話說，加上這種未來藥物後，相對稀少尚存功能的受器所產生的氣味知覺，能與健全嗅上皮所產生的一樣或幾乎一樣強。因此，**助嗅凝膠**可放大嗅覺缺損者的氣味知覺，讓祖母毋須張望也清楚Cinnabon肉桂捲專賣店就在不遠之處。更確切地說，無論歲數多少，嗅覺受器損傷導致嗅覺缺失的任何人，都能從這項發明受益。

以色列的帕特斯公司為此願望帶來實現的可能性，他們目前專注於研發影響嗅覺受器正常功能的藥膏，即第六章曾討論的氣味屏蔽膠。**局部塗抹這種凝膠，可干擾救難人員的嗅覺受器活性，避免他們聞到災難現場令人作嘔的氣味**。儘管這種藥膏的作用是關閉或減弱嗅覺，逆向操作並非白日夢，事實上，這樣的手法已應用在人工增甜劑的科技上。第七章曾討論到，塞諾米克斯公司正在研發「甜味增強劑」以提高甜味知覺的感受強度，如此只要少量的糖加上增強劑，就能造成大量天然的糖所產生的同樣甜味知覺。基於相同原理，助嗅凝膠含有某種嗅覺受器增強劑，讓微量氣味刺激「聞起來」濃厚許多。

能達成這項任務的化學物質，可能來自目前製藥產業正應用來尋覓新藥的某項創新發明。**大多數具藥效的化合物所作用的接受體，即G蛋白偶聯受體（GPCRs），與嗅覺受器屬於同一家族的接受體**。傳統發掘新藥的方式，以及如輝瑞藥廠（Pfizer）透過觀察僥倖發現威而鋼（Viagra）的方式，正迅速耗盡可能轟動全球的新藥泉源，因此現在需要不同方式發掘藥物。對於充分利用G蛋白偶聯受體在治療方面的效用，製藥產業非常感興趣，因為透過此機轉作用的成功藥物不計其數。與其繼續海底撈針，現在藥物的研發採用一種新方式增加G蛋白偶聯受體的作用，以加強天然生物化學交互作用的效力。這種發掘新藥的方式，有助於尋找適合助嗅凝膠使用的化學物質，甚至可能為此藥理研究帶來具體商機，因為G蛋白偶聯受體與這一切都有關係，或許能直接顯示哪種化學物質最適合這類產品。塞諾米克斯公司創造的甜味增強劑也透過同樣的原理作用，**甜味的味覺正是G蛋白偶聯受體所調控的**。

隨著各個領域的科技迅速成長，帶來更多商機，聚集更多目光及資金，我相信助嗅凝膠在不久的將來一定能成真。助嗅凝膠或許無法幫助麥克．赫金斯或潔西卡．羅斯這樣的人，他們喪失嗅覺的病灶位於腦部，而非鼻子。但對於所有健全步入老年的人，及任何遭受周邊嗅覺損傷的人，助嗅凝膠能讓他們受益無窮。

嗅覺是人們經常視爲理所當然的一件寶物，期盼透過本書，讓你毋須經歷喪失嗅覺的痛苦教訓，也能懂得重視且珍惜嗅覺。理解氣味對人性的情感、生理、性愛和社會層面多麼不可或缺，以及理解氣味體驗如何透過加乘及整合的方式豐富、提升和深刻生活，皆能給予我們的生命特殊意義。**嗅覺使我們得以認識自己，也影響自己與他人的社會互動。**嗅覺增進我們的學習及記憶能力，更能改變我們的行為。透過嗅覺，我們才有辦法體驗深刻的情感生活，喚醒記憶，並激起熱情，而嗅覺也跟我們的精神健康息息相關。嗅覺甚至告訴我們，與誰才能生出最具生物優勢的孩子；嗅覺使超級電影明星黯然失色，讓凡夫俗子搖身一變，成為迷戀的對象。

嗅覺，確實是慾望的感官。

註解

Notes

序言

1. Ehrlichman, H., & Halpern, J. N. (1988). Affect and memory: Effects of pleasant and unpleasant odors on retrieval of happy and unhappy memories. *Journal of Personality and Social Psychology*, 55, 769-779.

第 1 章

1. 根據麥克・基（Mike Gee）於其著作《麥克・赫金斯的最後時光》（*The final days of Michael Hutchence*, 1998, London: Omnibus Press）之描述。
2. 欲進一步瞭解請參閱下列文獻：Deems, D. A., Doty, R. L., Settle, R. G., Moore-Gillon, V., Shaman, P., Mester, A. F., Kimmelman, C. P., Brightman, V. J., & Snow, J. B., Jr. (1991). Smell and taste disorders: A study of 750 patients from the University of Pennsylvania Smell and Taste Center. *Archives of Otolaryngology, Head and Neck Surgery*, 117, 519-528; Takaki, M., Furukawa, M., Tsukantani, T., Costanzo, R. M., DiNardo, L. J., & Reiter, E. R. (2001). Impact of olfactory impairment on quality of life and disability. Archives of Otolaryngology, Head and Neck Surgery, 127, 497-503.
3. 美國精神醫學會（American Psychiatric Association）出版之第四版《精神疾病診斷與統計手冊》（*The diagnostic and statistical manual of mental disorders*, 4th ed., 1994, Washington, DC: Author）。
4. Pause, B. M, Miranda, A., Goder, R., Aldenhoff, J. B., & Ferstl, R. (2001). Reduced olfactory performance in patients with major depression. *Journal of Psychiatric Research*, 35, 271-277.
5. Zelano, C., Bensafi, M., Porter, J., Mainland, J., Johnson, B., Bremner, E., Telles, C., Khan, R., & Sobel, N. (2005). Attentional modulation in human primary olfactory cortex. *Nature Neuroscience*, 8, 114-120.
6. Chen, D., & Haviland-Jones, J. (2000). Human olfactory communication of emotion. *Perceptual and Motor Skills*, 91, 771-781.
7. Buck, L., & Axel, R. (1991). A novel multigene family may encode odorant receptors: A molecular basis for odor recognition. *Cell*, 65, 175-187.

第 2 章

1. Mennella, J. A., & Garcia, P. L. (2000). Children' s hedonic response to the smell of alcohol: Effects of parental drinking habits. *Alcoholism: Clinical and Experimental Research*, 24, 1167-1171; Mennella, J. A., Jagnow, C. P., & Beauchamp, G. K. (2001). Prenatal and postnatal flavor learning by human infants. *Pediatrics*, 107, E88.
2. Haller, R., Rummel, C., Henneberg, S., Pollmer, U., & Koster, E. P. (1999). The influence of early experience with vanillin on food preference in later life. *Chemical Senses*, 24, 465-567.
3. 黛安・艾克曼（Diane Ackerman），《感官之旅》（*A natural history of the senses*, 1990, New York: Random House）。
4. Moncreiff, R. W. (1966). *Odour preferences*. New York: Wiley.
5. Cain, W. S., & Johnson, F., Jr. (1978). Lability of odor pleasantness: Influence of mere exposure. *Perception*, 7, 459-465.
6. Herz, R. S., Beland, S. L, & Hellerstein, M. (2004). Changing odor hedonic perception through emotional associations in humans. International Journal of Comparative *Psychology*, 17, 315-339.
7. Robin, O., Alaoui-Ismaili, O., Dittmar, A., & Vernet-Mauri, E. (1998). Emotional responses evoked by dental odors: An evaluation from autonomic parameters. *Journal of Dental Research*, 77, 1638-1946.
8. 徐四金（P. Suskind），《香水》（*Perfume*, 1986, New York: Alfred A. Knopf）。
9. 進一步資訊請參閱：Chen, D. & Dalton, P. (2005). The effect of emotion and personality on olfactory perception. *Chemical Senses*, 30, 345-351.
10. Twain, M. (1985). *The signet classic book of Mark Twain's short stories*. New York: New American

106, 101-108.
3. Gedney, J. J., Glover, T. L., & Fillingim, R. B. (2004). Sensory and affective pain discrimination after inhalation of essential oils. *Psychosomatic Medicine*, 66, 599-606.
4. Campenni, C. E., Crawley, E. J., & Meier, M. E. (2004). Role of suggestion in odor-induced mood change. *Psychological Reports*, 94, 1127-1136.
5. Slosson, E. E. (1899). A lecture experiment in hallucinations. *Psychological Review*, 6, 407-408.
6. O' Mahoney, M. (1978). Smell illusions and suggestions: Reports of smells contingent on tones played on television and radio. *Chemical Senses and Flavor*, 3, 183-189.
7. Dalton, P. (1999). Cognitive influences on health symptoms from acute chemical exposure. *Health Psychology*, 18, 579-590.
8. Das-Munshi, J., Rubin, G. T., & Wessely, S. (2006). Multiple chemical sensitivities: A systematic review of provocation studies. *Journal of Allergy and Clinical Immunology*, 118, 1257-1264.
9. Bornschein, S., Hausteiner, C., Zilker, T., & Forstl, H. (2002). Psychiatric and somatic disorders and multiple chemical sensitivity (MCS) in 264 "environmental patients." *Psychological Medicine*, 32, 1387-1394.
10. Lax, M. B., & Henneberger, P. K. (1995). Patients with multiple chemical sensitivities in an occupational health clinic: Presentation and follow-up. *Archives of Environmental Health*, 50, 425-431.
11. Epple, G., & Herz, R. S. (1999). Ambient odors associated to failure influence cognitive performance in children. *Developmental Psychobiology*, 35, 103-107.
12. Herz, R. S., Schankler, C., & Beland, S. (2004). Olfaction, emotion and associative learning: Effects on motivated behavior. *Motivation and Emotion*, 28, 363-383.
13. Van den Bergh, O., Devriese, S., Winters, W., Veulemans H., Nemery, B., Eelen, P., & Van de Woestijne, K. P. (2001). Acquiring symptoms in response to odors: A learning perspective on multiple chemical sensitivity. *Annals of the New York Academy of Sciences*, 933, 278-290.
Library (Penguin Putnam).
11. Herz, R. S, & von Clef, J. (2001). The influence of verbal labeling on the perception of odors: Evidence for olfactory illusions? *Perception*, 30, 381-391.
12. Van Toller, C., Kirk-Smith, M. D., Wood, N., Lombard, J., & Dodd, G. H. (1983). Skin conductance and subjective assessments associated with the odour of 5-alpha-androstan-3-one. *Journal of Biological Psychology*, 16, 85-107.
13. Classen, C., Howes, D., & Synnott, A. (1994). *Aroma: The cultural history of smell*. New York: Routledge.

第 3 章

1. 普魯斯特（M. Proust），《去斯萬那邊》（*Swann's way*, 1928, New York: The Modern Library），頁 62。
2. Laird, D. A. (1935). What can you do with your nose? *Scientific Monthly*, 41, 126-130.
3. Rubin, D. C., Groth, E., & Goldsmith, D. J. (1984). Olfactory cuing of autobiographical memory. *American Journal of Psychology*, 97, 493-507.
4. Herz, R. S. (1998). Are odors the best cues to memory? A cross-modal comparison of associative memory stimuli. *Annals of the New York Academy of Sciences*, 855, 670-674.
5. 普魯斯特（M. Proust），《去斯萬那邊》（*Swann's way*, 1928, New York: The Modern Library），頁 65。
6. Herz, R. S. (1997). The effects of cue distinctiveness on odor-based context-dependent memory. *Memory & Cognition*, 25, 375-380.
7. Herz, R. S. (1997). Emotion experienced during encoding enhances odor retrieval cue effectiveness. *American Journal of Psychology*, 110, 489-505.

第 4 章

1. Lehrner, J., Marwinski, G., Lehr, S., Johren, P., & Deecke, L. (2005). Ambient odors of orange and lavender reduce anxiety and improve mood in a dental office. *Physiology & Behavior*, 86, 92-95.
2. Villemure, C., Slotnick, B. M., & Bushnell, M. C. (2003). Effects of odors on pain perception: Deciphering the roles of emotion and attention. *Pain*,

Behavioral Ecology, 12, 140-149.

12. McBurney, D. H., Shoup, M. L., & Streeter, S. A. (2006). Olfactory comfort: Smelling a partner' s clothing during periods of separation. *Journal of Applied Social Psychology*, 36, 2325-2335; Shoup, M. L., Streeter, S. A., & McBurney, D. H. (in press). Olfactory comfort and attachment within relationships. *Journal of Applied Social Psychology*.
13. Grammer, K., & Thornhill, R. (1994). Human (Homo sapiens) facial attractiveness and sexual selection: The role of symmetry and averageness. *Journal of Comparative Psychology*, 108, 233-242.
14. Henberger, E., Redhammer, S., & Buchbauer, G. (2004). Transdermal absorption of (-)tinalool induces autonomic deactivation but has no impact on ratings of well-being in humans. *Neuropsychopharmacology*, 29, 1925-1932.
15. Preti G., Wysocki, C. J., Barnhart, K. T., Sondheimer, S. J., & Leyden, J. J. (2003). Male axillary extracts contain pheromones that affect pulsatile secretion of luteinizing hormone and mood in women recipients. *Biology of Reproduction*, 68, 2107-2113.

第6章

1. Sullivan, R. M., & Toubas, P. (1998). Clinical usefulness of maternal odor in newborns: Soothing and feeding preparatory responses. *Biology of the Neonate*, 74, 402-408.
2. Porter, R. H., Cernoch, J. M., & McLaughlin, F. J. (1983). Maternal recognition of neonates through olfactory cues. Physiology & Behavior, 30, 151-154.
3. Kaitz, M., Goode, A., Rokem, A. M., & Eidelman, A. I. (1987). Mothers?recognition of their newborns by olfactory cues. *Developmental Psychobiology*, 20, 587-591.
4. Platek, S. M., Burch, R. L., & Gallup, G. G. (2001). Sex differences in olfactory self-recognition. *Physiology & Behavior*, 73, 635-640.
5. Porter, R. H., Cernoch, J. M., & Balogh, R. D. (1985). Odor signature and kin recognition. *Physiology & Behavior*, 30, 151-154.
6. Porter, R. H., Balough, R. D., Cernoch, J. M., &

第5章

1. Daly, M., & Wilson, M. (1983). *Sex, evolution and behavior* (2nd ed.). Boston: Willard Grant Press.
2. Miller, G. F. (1998). How mate choice shaped human nature: A review of sexual selection and human evolution. In C. Crawford & D. Krebs (Eds.), *Handbook of evolutionary psychology: Ideas, issues, and applications*. Mahwah, NJ: Lawrence Erlbaum., pp. 87-130
3. Daly, M., & Wilson, M. (1988). *Homicide*. New York: Aldine de Gruyter.
4. Buss, D. M., Larsen, R. J., Westen, D., & Semmelroth, J. (1992). Sex differences in jealousy: Evolution, physiology and psychology. Psychological Science, 3, 251-255.
5. 關於囓齒目動物及人類在主要組織相容性複合體與體味之間的遺傳關聯性，第一份發表的證據請分別參考以下文獻：Boyse, E. A., Beauchamp, G. K., Yamazaki, K. (1987). The genetics of body scent. Trends in Genetics, 3, 97-102; Wedekind, C., Seebeck, T., Bettens, F., and Paepke, A. J. (1995). MHC-dependent mate preferences in humans. *Proceedings of the Royal Society of London Series B*, 260, 245-249.
6. Ober, C., Weitkamp, L. R., Cox, N., Dytch, H., Kostyu, D., & Elias, S. (1997). HLA and mate choice in humans. *American Journal of Human Genetics*, 61, 497-504.
7. Wedekind, C., Seebeck, T., Bettens, F., & Paepke, A. J. (1995). MHC-dependent mate preferences in humans. *Proceedings of the Royal Society of London Series B*, 260, 245-249.
8. Daly, M., & Wilson, M. (1988). *Homicide*. New York: Aldine de Gruyter.
9. Penn, D., & Potts, W. (1998). MHC-disassortative mating preferences reversed by cross-fostering. *Proceedings of the Royal Society of London Series B*, 265, 1299-1306.
10. Martins, Y., Preti, G., Crabtree, C. R., Runyan, T., Vainius, A. A., & Wysocki, C. J. (2005). Preference for human body odors is influenced by gender and sexual orientation. *Psychological Science*, 16, 694-701.
11. Milinski, M., & Wedekind, C. (2001). Evidence for MHC-correlated perfume preferences in humans.

(PROP) bitterness and colonic neoplasms. *Digestive Diseases and Sciences*, 50, 483-489.
3. Milunicova, A., Jandova, A., Laurova, L., Novotna, J., & Skoda, V. (1969). Hereditary blood and serum types, PTC test and level of the fifth fraction of serum lactatedehydrogenase in females with gynecological cancer (II. Communication). *Neoplasma*, 16, 311-316.
4. Bertino, M., Beauchamp, G. K., & Engelman, K. (1982). Longterm reduction in dietary sodium alters the taste of salt. *American Journal of Clinical Nutrition*, 36, 1134-1144.
5. Bertino, M., Beauchamp, G. K., & Engelman K. (1986). Increasing dietary salt alters salt taste preference. *Physiology & Behavior*, 38, 203-213.
6. Herz, R. S. (2003). The effect of verbal context in olfactory perception. *Journal of Experimental Psychology: General*, 132, 595-606.
7. Bernstein, D. M., Laney, C., Morris, E. K., & Loftus, E. F. (2005). False beliefs about fattening foods can have healthy consequences. *Proceedings of the National Academy of Sciences*, 102, 13724-13731.

第8章

1. Panigrahi, S., Balasubramanian, S., Gu, H., Logue, C., & Marchello, M. (2006). Neural network integrated electronic nose system for identification of spoiled beef. *LWT-Food Science and Technology*, 39, 135-145.
2. Shaw, J. A., Bromenshenk, J. J., & Churnside, J. H. (2005). Polarization Lidar measurements of honey bees in flight for locating land mines. *Optics Express*, 13, 112-121.
3. Williams, H., & Pembroke, A. (1989) Sniffer dogs in the melanoma clinic? Lancet, 1 (8640), 734; Church, J., & Williams, H. (2001). Another sniffer dog for the clinic? *Lancet*, 358 (9285), 930.
4. Welsh, J. S., Barton, S., & Ahuja, H. (2005). A case of breast cancer detected by a pet dog. *Community Oncology, July/August*, 324-326.
5. Pickel, D., Manucy, G. P., Walker, D. B., Hall, S. B., & Walker, J. C. (2004). Evidence for canine olfactory detection of melanoma. *Applied Animal Behavior Science*, 89, 107-116.
Franchi, C. (1986). Recognition of kin through characteristic body-odor. *Chemical Senses*, 11, 389-395.
7. Porter, R. H. (1999). Olfaction and human kin recognition. *Genetica*, 104, 259-263.
8. Chen, D., & Haviland-Jones, J. (1999). Rapid mood change and human odors. *Physiology & Behavior*, 68, 241-250.
9. Haze, S., Gozu, Y., Nakamura, S., Kohno, Y., Sawano, K., Ohta, H., & Yamazaki, K. (2001). 2-Nonenal newly found in human body-odor tends to increase with aging. *Journal of Investigative Dermatology*, 116, 520-524.
10. Corbin, A. (1986). *The foul and the fragrant.* Massachusetts: Harvard University Press.
11. Dollard, J. (1937). *Caste and class in a southern town.* New York: Anchor Books.
12. Hyde, A. (2006). Offensive bodies. In J. Drobnick (Ed.), *The smell culture reader.* New York: Berg, p. 55.
13. Orwell, G. (1937). *The road to Wigan Pier.* Victor Gollanz: London.
14. Classen, C., Howes, D., & Synnott, A. (1994). *Aroma: The cultural history of smell.* New York: Routledge.
15. Marchand. R. (1985). *Advertising and the American dream: Making way for modernity*, 1920-1940. Berkeley: University of California Press.
16. Coates, J. D., Cole, K. A., Michaelidou, U., Patrick, J., McInerney, M. J., & Achenbach, L. A. (2005). Biological control of hog waste odor through stimulated microbial Fe (III) reduction. *Applied and Environmental Microbiology*, 71, 4728-4735.
17. Aftel, M., & Patterson, D. (2001). *Aroma: The magic of essential oils in food and fragrance.* New York: Artisan.

第7章

1. Pelchat, M. L., Johnson, A., Chan, R., Valdez, J., & Ragland, J. D. (2004). Images of desire: Food-craving activation during fMRI. *NeuroImage*, 23, 1486-1493.
2. Basson, M. D., Bartoshuk, L. M., Dichello, S. Z., Panzini, L., Weiffenback, J. M., & Duffy, V. B. (2005). Association between 6-n-propylthiouracil

6. Willis, C. M., Church, S. M, Guest, C. M., Cook, W. A., McCarthy, N., Bransbury, A. J., Church, M. R. T., & Church, J. C. T. (2004). Olfactory detection of human bladder cancer by dogs: Proof of principle study. *British Medical Journal*, 329, 712-717.
7. 參考二〇〇六年八月七日的《環球郵報》（*The Globe and Mail*），擷取自以下網址：http://www.theglobeandmail.com/servlet/story/LAC.20060807.WHALE07/TPStory/?query=canine+detective.
8. Weir, K. (August, 2006). Dog chases whale scat. *The Scientist*, 20-21.
9. Lindstrom, M. (2005). *Brand sense*. New York: Free Press.
10. Fiore, A. M., Yah, X., & Yoh, E. (2000). Effects of product display and environmental fragrancing on approach responses and pleasurable experiences. *Psychology & Marketing*, 17, 27-54.
11. Spangenberg, E. R., Sprott, D. E., Grohmann, B., & Tracy, D. L. (2006). Gender-congruent ambient scent influences on approach and avoidance behaviors in a retail store. *Journal of Business Research*, 59, 1281-1287.
12. 出自克里斯・藤原（Chris Fujiwara）的電影評論文章〈醒來聞到新世界：氣味戲劇的復活動員了東京的鼻子〉。文章於二〇〇六年八月十七日，擷取自林肯中心電影協會（Film Society of Lincoln Center）網站，詳細網址為 http://www.filmlinc.com。
13. Zelano, C., Bensafi, M., Porter, J., Mainland, J., Johnson, B., Bremner, E., Telles, C., Khan, R., & Sobel, N. (2005). Attentional modulation in human primary olfactory cortex. *Nature Neuroscience*, 8, 114-120.

Self-Heal 008

嗅覺之謎：
生物演化與免疫基因；社會學與文化史；品牌行銷到
未來科技，探索氣味、記憶與情緒的嗅覺心理學。

The Scent of Desire: Discovering Our Enigmatic Sense of Smell

作者｜瑞秋・赫茲（Rachel Herz）　譯者｜李曉筠

堡壘文化有限公司
總編輯｜簡欣彥　副總編輯｜簡伯儒　責任編輯｜倪玼瑜　行銷企劃｜游佳霓
封面設計、內頁構成｜IAT-HUÂN TIUNN

讀書共和國出版集團
社長｜郭重興　發行人｜曾大福　業務平臺總經理｜李雪麗　業務平臺副總經理｜李復民
實體暨網路通路組／林詩富、郭文弘、賴佩瑜、王文賓、周宥騰、范光杰
海外通路組｜張鑫峰、林裴瑤　特販通路組｜陳綺瑩、郭文龍
印務部｜江域平、黃禮賢、李孟儒　電子商務組｜黃詩芸、李冠穎、林雅卿、高崇哲、沈宗俊
閱讀社群組｜黃志堅、羅文浩、盧煒婷　版權部｜黃知涵

出版｜堡壘文化有限公司　發行｜遠足文化事業股份有限公司
地址｜231 新北市新店區民權路 108-2 號 9 樓　電話｜02-22181417　傳真｜02-22188057
Email｜service@bookrep.com.tw　郵撥帳號｜19504465 遠足文化事業股份有限公司
客服專線｜0800-221-029　網址｜http://www.bookrep.com.tw
法律顧問｜華洋法律事務所　蘇文生律師
印製｜呈靖彩藝有限公司　初版 1 刷｜2023 年 3 月　定價｜新臺幣 420 元
ISBN｜978-626-7240-20-5(平裝) 9786267240212(PDF) 9786267240229(EPUB)

國家圖書館出版品預行編目 (CIP) 資料
嗅覺之謎：生物演化與免疫基因；社會學與文化史；品牌行銷到未來科技，探索氣味、記憶與情緒的嗅覺心理學。/ 瑞秋 . 赫茲 (Rachel Herz) 作；李曉筠譯 . -- 初版 . -- 新北市：堡壘文化有限公司出版：遠足文化事業股份有限公司發行，2023.03
面；　公分 . -- (Self-heal ; 8)
譯　自：The scent of desire : discovering our enigmatic sense of smell
ISBN 978-626-7240-20-5(平裝)
1.CST: 嗅覺
176.14　　112000221